小学校英語サポートBOOKS

JN040043

楽しみながら  覚える！

小学生のための アルファベット＆ 英単語パズル 80

Alphabet & Word Puzzles 80

瀧沢広人 著

明治図書

Introduction

　パズルを１つ紹介します。線つなぎです。次の図にある大文字と小文字のペア同士を線で結んでみてください。ただし，線が交差したり，線が枠から出たりしてはいけません。

　これを教室では，教師が黒板にかき，児童にノートにかかせます。

（答えは本書42ページを参照）

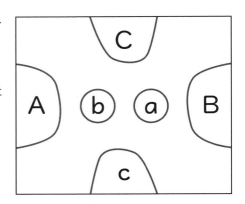

　この時，大事なのが，例えば児童が５年生だとしたら，

「１分以内にできたら中学生」

「２分でできれば６年生」

「３分でできれば５年生」

「30秒以内でできたら天才」

のように，ユーモアを交え，挑戦意欲を駆り立てることです。

　その後，「できた人は，前に持って来ます」と言うと，児童は競ってノートを持って来ます。

　合格をもらった児童は「やったー」と言って喜びます。

　ここには，学力の差はありません。普段勉強のできる子ができなくて，普段勉強に苦手意識のある子ができるという逆転現象が生まれます。

　だからこそ，授業は面白くなるのです。

　では，先生方もやってみてください。

　（しばし，休憩）

　本書で紹介するパズルの使い方は，多種多様です。

　先生方のオリジナルな発想で，お使いいただけます。

　コンセプトは，

楽しくてちょっぴりためになる

です。

　さて，やはり授業は楽しい方がいいです。

　私は，「力のつく授業」と「楽しい授業」のどちらを優先させるかと問われたら，当然，「楽しい授業」と答えます。

　楽しい授業の先には，可能性があります。

力のつく授業の先には，途中でドロップアウトしてしまう児童が見え隠れします。

あくまでも，楽しい授業が先であって，その次に力のつく授業だと思うのです。

2020年度から始まった日本の小学校外国語教育の中で，圧倒的に足りない点は，英語の音韻認識能力の育成を含め，文字・英単語への意図的・計画的な指導だと思っています。

3年生でアルファベットの大文字，4年生で小文字，そしてアルファベットの「名称」と「音」を学びます。その後はどうなるかというと，5・6年生で，「簡単な語句や表現を読んで意味が分かる」「簡単な語句や表現を書き写す」「例文を参考に書く」というように，「アルファベット」から，いきなり「英単語や文」になってしまうのです。

しかし，実はそれまでにやるべきことがあるのです。

それは英単語を構成する「音素」を自由自在に扱えるようにする，音の操作能力（音韻認識能力）を身につけさせることなのです。

実際，音の操作能力は，母語であれば，文化的な生活の中で自然と身につくと言われています。日本語を例にしても，しりとりやカルタ，文字の積み木，グリコ（ジャンケンに勝ったらその文字数だけ進む）など，児童は遊びやわらべ歌，絵本などから，自然と音韻認識能力が育っていきます。

しかし外国語である英語の場合はそうはいきません。

読みに必要な技能を意図的につけていかなくてはいけないのです。

読みに必要な指導（リテラシー指導）は，通常は，次の順序になると言われています。

①アルファベットの認識（形・名称・音）

②音韻認識能力（音素の取り出し，削除，入替などの音の操作能力）

③音と綴りの関係（フォニックス）

文字指導というと，すぐにフォニックスに向かいますが，実はその前に音韻認識能力を育てるという大事な学習ステップがあることを忘れてはいけません。

本書は，Chapter1で「アルファベット」に慣れ親しむパズルを，Chapter2では音の操作である「音韻認識能力」につながるパズルを取り上げ，児童が楽しみながら文字の形に触れ，音の操作に慣れ親しめるようになっています。

授業等でご活用いただけますと幸いです。

令和2年5月

岐阜大学教育学部　瀧沢広人

📖 本書の使い方

　かつて私が小・中学校で教師をしていたときに，英語通信の右下に，よくワードサーチ（単語探し）を載せておきました。もちろん切り取り線をつけておきます。するとやりたい子がやってきて，私のところに提出します。私は提出された紙にシールを貼り，本人に返します。たったそれだけですが，児童・生徒は主体的にワードサーチに取り組み，ワードサーチをすることで，多少なりとも英単語に触れ，時には新しい英語を知るチャンスとなります。決して強制はしません。やりたい子がやる方式を取っていました。

　さて，本書の使い方ですが，自学自習用と授業内に使う2つの方法を紹介します。

1．自学自習用に使う

　元々パズルは1人でもできることから，家に持ち帰って自分1人でもできることに特徴があります。

　そこで，ただ単純に**廊下に置いておく**という方法です。

　例えば，「今週の英語パズル」というコーナーを設け，机を置き，そこに印刷した英語パズルを置いておくのです。

　英語に興味のある児童，パズルが好きな児童は，そこから紙を持っていってやります。

　終わったら，先生のところに持ってくるというシステムにしてもいいでしょう。

　その際，「英語パズル・パーフェクトシート」のようなものを作成し，提出したらハンコを押したり，シールが貼れる English パスポートのようなものを渡したりしておくと，パズルの継続性を保つことができます。

　また，1枚の英語パズルが教室の話題になることもあります。

　教室に持ち帰った児童が友達とそのパズルをやったり，答え合わせをしたり，教室でのコミュニケーションの場になることは，容易に想像できます。

　いろいろな面で，効果を発揮するでしょう。

2．授業内で使う

　私が授業内で使う場面は，次の2つです。

　1つは，**授業内に空白な時間を作りたくないとき**です。

　課題が早く終わってしまった児童，何もやることがない児童に，「終わった人は，英語パズルに挑戦してください」と言って，取りに来させます。

　理想的には，1つのパズルで5分程度は時間がかかる方がよいです。

　もし，簡単にできてしまいそうなパズルでは，両面刷りにしてやらせ，問題量を増やす等，工夫ができます。

もう１つは，**一斉指導で扱う**です。

　あらかじめ，人数分印刷しておいた英語パズルを，授業の後半５分で，「では，今から英語パズルを配ります。制限時間は５分です。できた人も，だまって待っていてください。始めと言うまでは，何もしません。ただじっと見るだけです」と言って配付します。

　全員に配れたことを確認したら，「始めます」と言ってやらせます。

　数分すると，できた児童が顔をあげるようになります。

　「あと２分です」のように，時々時間を告げます。

　時間がきたら，「できた人は持って来ます」と言うと，児童は紙を持って来ます。

　○をつけ，授業は終了です。

　こんなふうに，授業内のプリント学習として使うこともできます。

3．英語パズルの３つの特徴

　１つ目は，

 「プロセスが楽しい」こと

　パズルを解くプロセスが楽しいのです。答えを知ることではないのです。答えに到達するその過程が楽しいのです。

　２つ目は，

 「結果が楽しい」こと

　パズルの面白さは，本書でも扱っていますが，解いたあとに何かメッセージが出てくるとか，答えを並べるとある英単語になるとか，結果の楽しみがあります。

　３つ目は，

 「偶然性」があること

　「なんだか分からないけど，やってみたら解けた」「グループであれこれアイデアを出していたら，できた」という偶然性による面白さや達成感，協力も生まれるでしょう。

　ぜひ，先生方の工夫でより楽しいパズルを考案してください。

Contents

Chapter

1

楽しく覚える！
アルファベットパズル

アルファベット大文字迷路

解 説

ねらい アルファベットの大文字の順番を理解し，文字を認識することができる。

対象学年 ３年生以上

やり方
- 入口から入り，アルファベット順に大文字をたどり，出口から出ます。
- Worksheet ❶❷では，縦か横にだけ進みます。
- Worksheet ❸では，縦，横，斜めに進むことができます。
- Worksheet ❹では，迷路を進みながら，適切なアルファベットを埋めていきます。

例

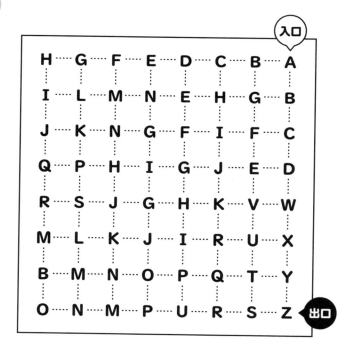

留意点 ●授業で行う場合は，アルファベット大文字カードを黒板に順番に貼っておくといいでしょう。

解答

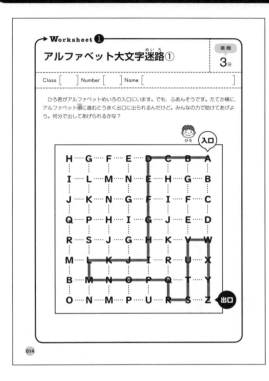

Worksheet ①
アルファベット大文字迷路①

時間 3分

Class [　　] Number [　　] Name [　　　　]

ひろ君がアルファベットめいろの入口にいます。でも、ふあんそうです。たてか横に、アルファベット順に進むとうまく出口に出られるんだけど。みんなの力で助けてあげよう。何分で出してあげられるかな？

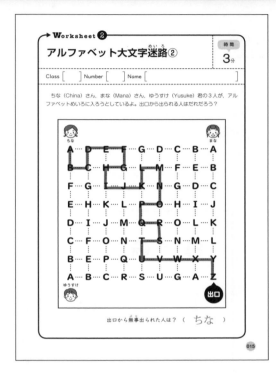

Worksheet ②
アルファベット大文字迷路②

時間 3分

Class [　　] Number [　　] Name [　　　　]

ちな（China）さん、まな（Mana）さん、ゆうすけ（Yusuke）君の3人が、アルファベットめいろに入ろうとしているよ。出口から出られる人はだれだろう？

出口から無事出られた人は？（　ちな　）

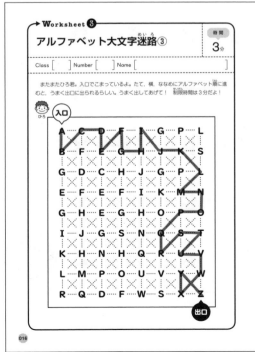

Worksheet ③
アルファベット大文字迷路③

時間 3分

Class [　　] Number [　　] Name [　　　　]

またまたひろ君。入口でこまっているよ。たて、横、ななめにアルファベット順に進むと、うまく出口に出られるらしい。うまく出してあげて！ 制限時間は3分だよ！

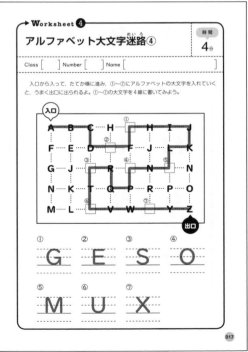

Worksheet ④
アルファベット大文字迷路④

時間 4分

Class [　　] Number [　　] Name [　　　　]

入口から入って、たてか横に進み、①～⑦にアルファベットの大文字を入れていくと、うまく出口に出られるよ。①～⑦の大文字を4線に書いてみよう。

① G ② E ③ S ④ O

⑤ M ⑥ U ⑦ X

013

アルファベット大文字迷路①

Class [　　　] Number [　　　] Name [　　　　　　　]

　ひろ君がアルファベットめいろの入口にいます。でも，ふあんそうです。たてか横に，アルファベット順に進むとうまく出口に出られるんだけど。みんなの力で助けてあげよう。何分で出してあげられるかな？

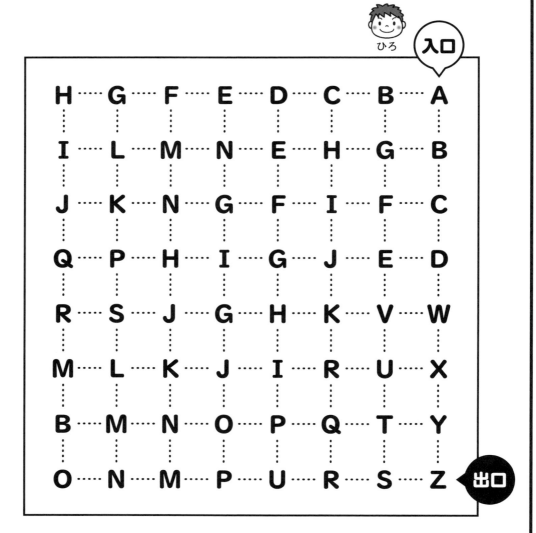

アルファベット大文字迷路②

Class [　　　] Number [　　　] Name [　　　　　　　　　　　]

　ちな（China）さん，まな（Mana）さん，ゆうすけ（Yusuke）君の3人が，アルファベットめいろに入ろうとしているよ。出口から出られる人はだれだろう？

ちな

まな

A	D	E	F	G	D	C	B	A
B	C	H	G	L	M	F	E	B
F	G	I	J	K	N	G	D	C
E	H	K	L	P	O	H	I	J
D	I	J	M	Q	R	O	L	K
C	F	O	N	T	S	N	M	L
B	E	P	Q	U	V	W	X	Y
A	B	C	R	S	U	G	A	Z

ゆうすけ

出口

出口から無事出られた人は？　（　　　　　　　　）

アルファベット大文字迷路③

Class [　　　] Number [　　　] Name [　　　　　　　　　　]

またまたひろ君。入口でこまっているよ。たて，横，ななめにアルファベット順に進むと，うまく出口に出られるらしい。うまく出してあげて！　制限時間は3分だよ！

ひろ

入口

A	C	D	F	I	G	P	L
B	F	E	G	H	J	K	S
G	D	C	H	J	G	P	L
E	F	E	F	I	K	M	N
G	H	E	G	H	O	P	O
I	J	G	S	N	Q	S	T
K	H	N	H	Q	R	U	V
L	M	P	O	U	V	Y	W
R	Q	D	F	W	S	X	Z

出口

アルファベット大文字迷路④

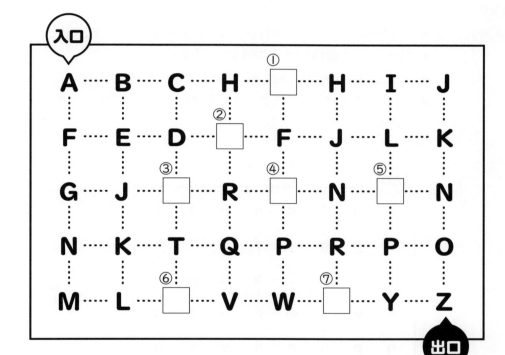

Class [　　　] Number [　　　] Name [　　　　　　　　　　　　]

　入口から入って，たてか横に進み，①〜⑦にアルファベットの大文字を入れていくと，うまく出口に出られるよ。①〜⑦の大文字を４線に書いてみよう。

①

②

③

④

⑤

⑥

⑦

2 アルファベット小文字迷路

解 説

ねらい	アルファベットの小文字の順番を理解し，文字を認識することができる。
対象学年	4年生以上
やり方	●入口から入り，アルファベット順に小文字をたどり，出口から出ます。

- Worksheet ❶❷では，縦か横にだけ進みます。
- Worksheet ❸では，縦，横，斜めに進んでいきます。
- Worksheet ❹では，迷路を進みながら，適切なアルファベットを埋めていきます。

例

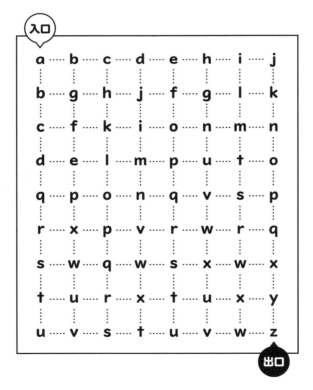

留意点	●授業で行う場合は，アルファベット小文字カードを黒板に順番に貼っておくといいでしょう。

解答

→ Worksheet ❶

アルファベット小文字迷路①

時間 3分

Class [ ] Number [ ] Name [ ]

今、みんなは入口のところにいるよ。たてか横に、アルファベット順に進み、うまく出口から出てね。制限時間は、3分だ！

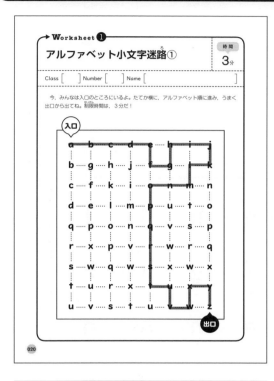

→ Worksheet ❷

アルファベット小文字迷路②

時間 3分

Class [ ] Number [ ] Name [ ]

ちな（China）さん、まな（Mana）さん、ひろ（Hiro）君の3人が、アルファベット迷路に入ろうとしているよ。出口から出られる人はだれだろう？

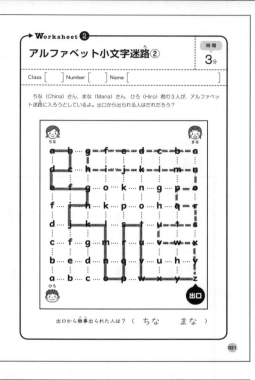

出口から無事出られた人は？（ ちな　まな ）

→ Worksheet ❸

アルファベット小文字迷路③

時間 3分

Class [ ] Number [ ] Name [ ]

入口から入って、たて、横、ななめに、アルファベット順に進むと、うまく出口に出られるよ。君は、何分で出られるかな？

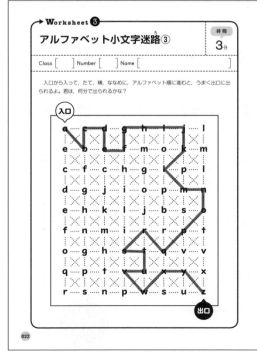

→ Worksheet ❹

アルファベット小文字迷路④

時間 5分

Class [ ] Number [ ] Name [ ]

入口から入って、たてか横に進み、①～⑦にアルファベットの小文字を入れていくと、うまく出口に出られるよ。①～⑦の小文字を4線に書いてみよう。

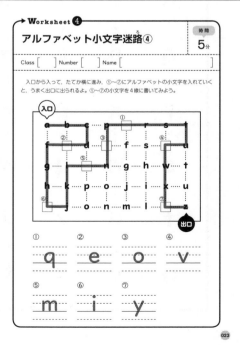

①	②	③	④
q	e	o	v

⑤	⑥	⑦
m	i	y

020　021　022　023

アルファベット小文字迷路①

時間
3分

Class [　　　] Number [　　　] Name [　　　　　　　　　　　]

　今，みんなは入口のところにいるよ。たてか横に，アルファベット順に進み，うまく出口から出てね。制限時間は，3分だ！

入口

a	b	c	d	e	h	i	j
b	g	h	j	f	g	l	k
c	f	k	i	o	n	m	n
d	e	l	m	p	u	t	o
q	p	o	n	q	v	s	p
r	x	p	v	r	w	r	q
s	w	q	w	s	x	w	x
t	u	r	x	t	u	x	y
u	v	s	t	u	v	w	z

出口

アルファベット小文字迷路②

Class [   ] Number [   ] Name [   ]

ちな（China）さん，まな（Mana）さん，ひろ（Hiro）君の3人が，アルファベット迷路に入ろうとしているよ。出口から出られる人はだれだろう？

ちな							まな
a	b	g	f	e	d	c	b	a
d	c	h	i	j	k	l	m	n
e	f	g	o	k	n	g	p	o
f	i	h	k	p	o	h	q	r
d	j	k	l	s	t	u	t	s
c	f	g	m	r	u	v	w	x
b	e	d	n	q	v	u	h	y
a	b	c	o	p	w	x	y	z
ひろ							出口

出口から無事出られた人は？　（　　　　　　　　　　　）

アルファベット小文字迷路③

時間 3分

Class [　　　] Number [　　　] Name [　　　　　　　　　]

　入口から入って，たて，横，ななめに，アルファベット順に進むと，うまく出口に出られるよ。君は，何分で出られるかな？

入口

a	c	d	g	h	i	j	l
e	b	e	f	m	o	k	m
c	f	c	h	g	l	p	l
d	g	j	i	o	p	m	n
e	h	k	l	j	b	s	o
f	n	m	i	r	r	p	t
o	g	h	s	t	q	v	v
q	p	t	v	u	x	y	x
r	s	n	p	w	s	u	z

出口

アルファベット小文字迷路④

Class [　　　] Number [　　　] Name [　　　　　　　　　　　]

入口から入って，たてか横に進み，①〜⑦にアルファベットの小文字を入れていくと，うまく出口に出られるよ。①〜⑦の小文字を４線に書いてみよう。

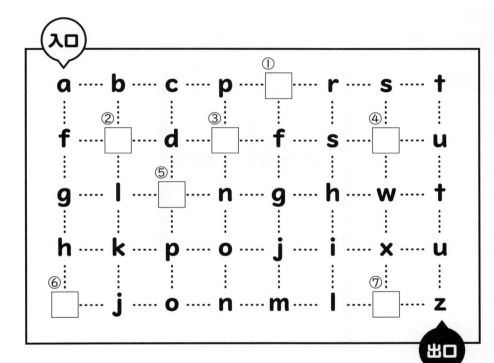

①

②

③

④

⑤

⑥

⑦

3 文字探し！
どんな文字があるかな？

解説

ねらい	アルファベットの文字の形を認識することができる。
対象学年	３年生以上
やり方	●図の中からアルファベットの文字を探し，書き出していきます。

例	大文字編

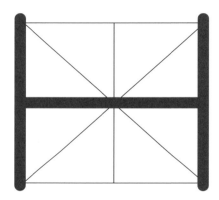

小文字編

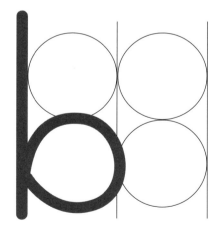

留意点	●授業中に行う場合は，黒板にアルファベットを書いておくといいです。
	●興味をもった児童は，自学ノートに自分のオリジナル問題を作ってくるでしょう。

解答

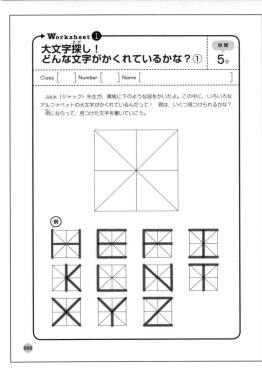

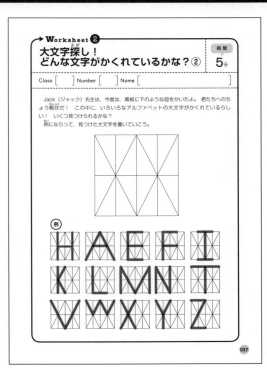

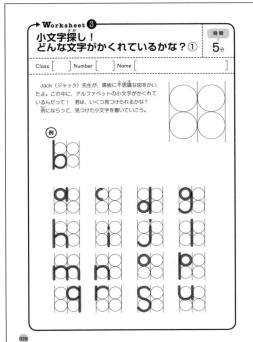

大文字探し！
どんな文字がかくれているかな？①

Class [   ] Number [   ] Name [   ]

　Jack（ジャック）先生が，黒板に下のような図をかいたよ。この中に，いろいろな
アルファベットの大文字がかくれているんだって！　君は，いくつ見つけられるかな？
　例にならって，見つけた文字を書いていこう。

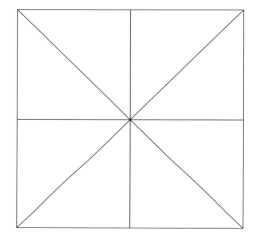

 例

大文字探し！
どんな文字がかくれているかな？②

Class [　　　　] Number [　　　　] Name [　　　　　　　　　　　]

　Jack（ジャック）先生は，今度は，黒板に下のような図をかいたよ。 君たちへのちょう戦状だ！　この中に，いろいろなアルファベットの大文字がかくれているらしい！　いくつ見つけられるかな？

　例にならって，見つけた大文字を書いていこう。

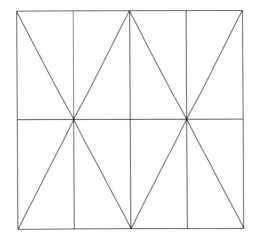

例

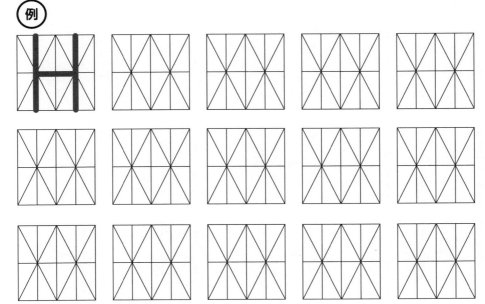

小文字探し！
どんな文字がかくれているかな？①

Class [　　　　] Number [　　　] Name [　　　　　　　　　　　]

　Jack（ジャック）先生が，黒板に不思議な図をかいたよ。この中に，アルファベットの小文字がかくれているんだって！　君は，いくつ見つけられるかな？
　例にならって，見つけた小文字を書いていこう。

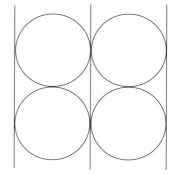

例

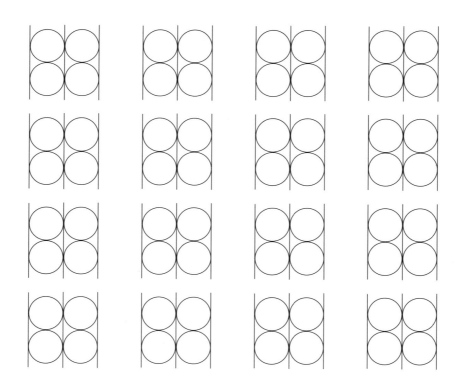

小文字探_{さが}し！
どんな文字がかくれているかな？②

Class [   ] Number [   ] Name [   ]

　Jack（ジャック）先生が，黒板に下のような図をかいたよ。この中に，アルファベットの小文字が，今度は19こもかくれているんだって！

　見つけた小文字を今度は４線に書いてみよう。

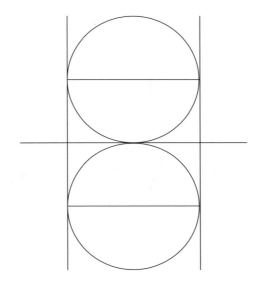

4 どんな文字ができるかな？

解 説

ねらい	アルファベットの文字の形に注意を向けることができる。
対象学年	３年生以上
やり方	●左から順番に書いていくと，どんな文字になるかを答えるパズルです。
	●できあがる文字を線で結びます。

例

①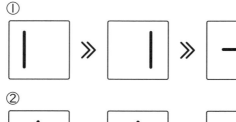

②

留意点	●授業中に行う場合は，黒板に A 〜 Z（a 〜 z）まで書いておくといいです。

解答

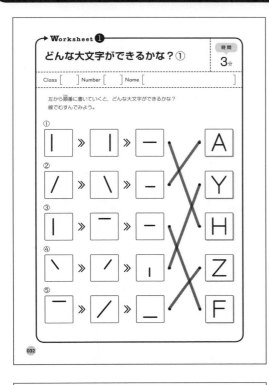

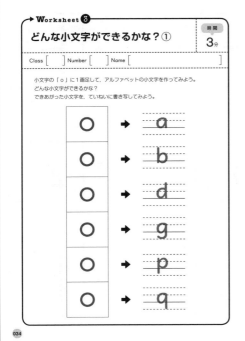

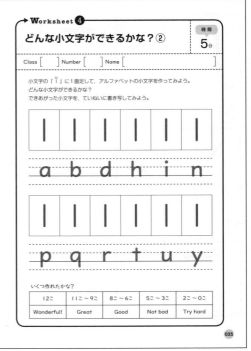

どんな大文字ができるかな？①

Class [　　　] Number [　　　] Name [　　　　　　　　　　　　]

左から順番に書いていくと，どんな大文字ができるかな？
線でむすんでみよう。

① » » ・ ・ A

② » » ・ ・ Y

③ » » ・ ・ H

④ » » ・ ・ Z

⑤ » » ・ ・ F

どんな大文字ができるかな？②

Class [　　　] Number [　　　] Name [　　　　　　　　　　]

左から順番に書いていくと，どんな大文字ができるかな？
線でむすんでみよう。

①

②

③

④

⑤

どんな小文字ができるかな？ ①

Class [　　　] Number [　　　] Name [　　　　　　　　　　　　]

小文字の「o」に1画足して，アルファベットの小文字を作ってみよう。

どんな小文字ができるかな？

できあがった小文字を，ていねいに書き写してみよう。

どんな小文字ができるかな？②

Class [ ] Number [ ] Name [ ]

小文字の「 l 」に1画足して，アルファベットの小文字を作ってみよう。
どんな小文字ができるかな？
できあがった小文字を，ていねいに書き写してみよう。

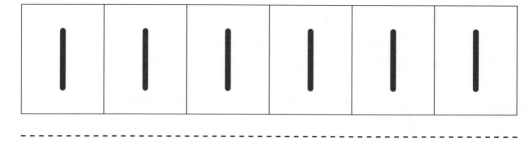

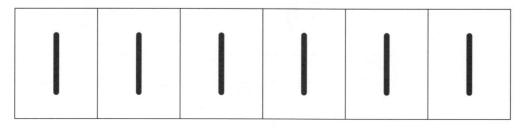

いくつ作れたかな？

12こ	11こ ～ 9こ	8こ ～ 6こ	5こ ～ 3こ	2こ ～ 0こ
Wonderful!	Great	Good	Not bad	Try hard

5 アルファベットビンゴ

解 説

ねらい	アルファベットの文字を認識することができる。
対象学年	3年生以上
やり方	● Jack 先生が読み上げる順番にアルファベットの文字を○していきます。 ●最初にビンゴになる人は誰か，また最後までやっていくと誰が一番多くビンゴになるかを見つけていくパズルです。 ●例のように，言われた順番に○をつけていきます。

例

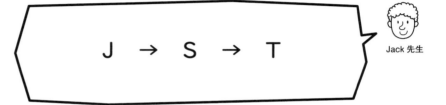

J → S → T

Jack 先生

まな

ちな

S	P	X
H	L	K
D	E	W

F	P	K
A	M	E
Q	J	D

留意点	●授業中に行う場合は，黒板に A ～ Z（a ～ z）まで書いておくといいです。

解答

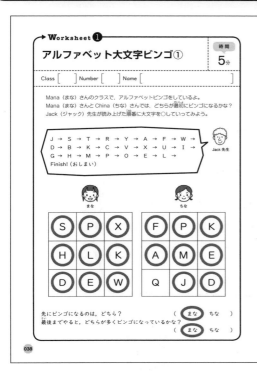

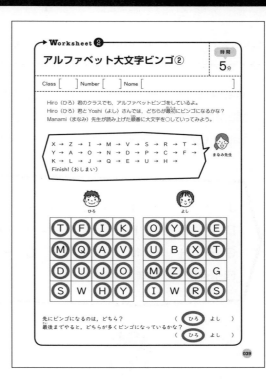

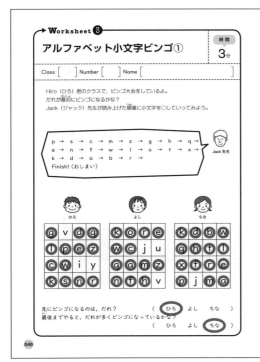

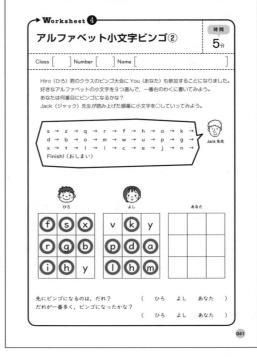

アルファベット大文字ビンゴ①

時間
5分

Class [　　　] Number [　　　] Name [　　　　　　　　　　　]

Mana（まな）さんのクラスで，アルファベットビンゴをしているよ。

Mana（まな）さんと China（ちな）さんでは，どちらが最初にビンゴになるかな？

Jack（ジャック）先生が読み上げた順番に大文字を○していってみよう。

J → S → T → R → Y → A → F → W →
D → B → K → C → V → X → U → I →
G → H → M → P → O → E → L →
Finish!（おしまい）

Jack 先生

まな

ちな

S	P	X
H	L	K
D	E	W

F	P	K
A	M	E
Q	J	D

先にビンゴになるのは，どちら？　　　　　　　　　　（　　まな　　ちな　　）

最後までやると，どちらが多くビンゴになっているかな？

（　　まな　　ちな　　）

Worksheet ②

アルファベット大文字ビンゴ②

時 間
5分

Class [ ] Number [ ] Name [ ]

Hiro（ひろ）君のクラスでも，アルファベットビンゴをしているよ。

Hiro（ひろ）君とYoshi（よし）さんでは，どちらが最初にビンゴになるかな？

Manami（まなみ）先生が読み上げた順番に大文字を〇していってみよう。

X → Z → I → M → V → S → R → T →

Y → A → O → N → D → P → C → F →

K → L → J → Q → E → U → H →

Finish!（おしまい）

まなみ先生

ひろ

よし

T	F	I	K
M	Q	A	V
D	U	J	O
S	W	H	Y

O	Y	L	E
U	B	X	T
M	Z	C	G
I	W	R	S

先にビンゴになるのは，どちら？　　　　　　　　　　（　　ひろ　　よし　　）

最後までやると，どちらが多くビンゴになっているかな？

（　　ひろ　　よし　　）

Worksheet ❸

アルファベット小文字ビンゴ①

時間
3分

Class [　　　] Number [　　　] Name [　　　　　　　　　　　]

Hiro（ひろ）君のクラスで，ビンゴ大会をしているよ。
だれが最初にビンゴになるかな？
Jack（ジャック）先生が読み上げた順番に小文字を○していってみよう。

p → s → c → m → z → g → h → q →
e → n → f → w → l → o → t → x →
k → d → a → b → r →
Finish!（おしまい）

Jack 先生

ひろ

よし

ちな

g	v	d	q
l	p	e	z
c	w	i	y
k	s	n	r

k	o	r	e
w	c	j	u
q	a	m	z
n	f	h	v

k	d	b	w
q	h	t	l
x	f	r	e
p	j	m	a

先にビンゴになるのは，だれ？　　　　　（　ひろ　　よし　　ちな　）
最後までやると，だれが多くビンゴになっているかな？
　　　　　　　　　　　　　　　　　　　（　ひろ　　よし　　ちな　）

アルファベット小文字ビンゴ②

時間
5分

Class [   ] Number [   ] Name [   ]

Hiro（ひろ）君のクラスのビンゴ大会に You（あなた）も参加することになりました。
好きなアルファベットの小文字を9つ選んで，一番右のわくに書いてみよう。
あなたは何番目にビンゴになるかな？
Jack（ジャック）先生が読み上げた順番に小文字を○していってみよう。

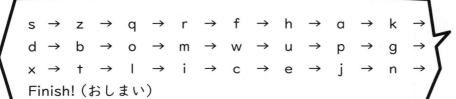

s → z → q → r → f → h → a → k →
d → b → o → m → w → u → p → g →
x → t → l → i → c → e → j → n →
Finish!（おしまい）

Jack 先生

ひろ

よし

あなた

f	s	x
r	g	b
i	h	y

v	k	y
p	d	a
l	h	m

先にビンゴになるのは，だれ？　　　　　　（　　ひろ　　よし　　あなた　　）
だれが一番多く，ビンゴになったかな？

（　　ひろ　　よし　　あなた　　）

6 線つなぎ

解 説

ねらい	アルファベットの大文字と小文字を認識することができる。
対象学年	4年生以上
やり方	●大文字と小文字を線で結びます。ただし，線が交差したり，枠から出たりしてはいけないこととします。

例

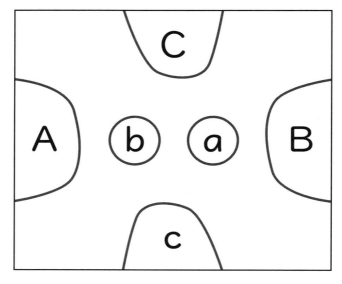

●解答

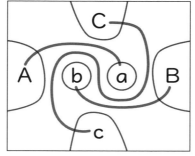

留意点	●早くできた児童には，前に持って来させ，1分以内なら「天才」などのように，評価してあげるとよいでしょう。

解答

➤ Worksheet ❶

線つなぎ①

時間 5分

Class [　　　] Number [　　　] Name [　　　　　　]

アルファベットの大文字と小文字を線で結ぼう。ただし，線は交差してはいけないよ。また，線が枠から外に出てもいけないよ。すべてうまく結べるかな？

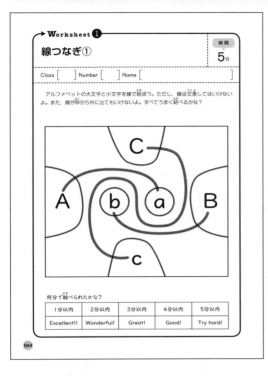

何分で結べられたかな？

1分以内	2分以内	3分以内	4分以内	5分以内
Excellent!!	Wonderful!	Great!	Good!	Try hard!

044

➤ Worksheet ❷

線つなぎ②

時間 5分

Class [　　　] Number [　　　] Name [　　　　　　]

アルファベットの大文字と小文字を線で結ぼう。ただし，線は交差してはいけないよ。また，線が枠から外に出てもいけないよ。すべてうまく結べるかな？

何分で結べられたかな？

1分以内	2分以内	3分以内	4分以内	5分以内
Excellent!!	Wonderful!	Great!	Good!	Try hard!

045

➤ Worksheet ❸

線つなぎ③

時間 5分

Class [　　　] Number [　　　] Name [　　　　　　]

大文字のCと小文字のcのように，たてか横に，アルファベットの大文字と小文字を線で結ぼう。ただし，線は交差してはいけないよ。また，線が枠から外に出てもいけないよ。すべてうまく結べるかな？

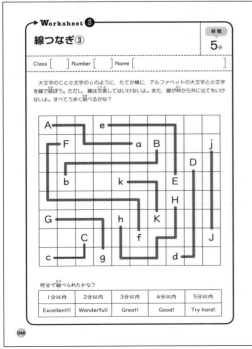

何分で結べられたかな？

1分以内	2分以内	3分以内	4分以内	5分以内
Excellent!!	Wonderful!	Great!	Good!	Try hard!

046

➤ Worksheet ❹

線つなぎ④

時間 5分

Class [　　　] Number [　　　] Name [　　　　　　]

大文字のMと小文字のmのように，たてか横に，アルファベットの大文字と小文字を線で結ぼう。ただし，線は交差してはいけないよ。また，線が枠から外に出てもいけないよ。すべてうまく結べるかな？

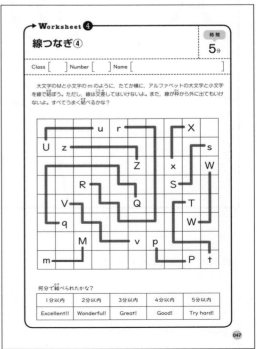

何分で結べられたかな？

1分以内	2分以内	3分以内	4分以内	5分以内
Excellent!!	Wonderful!	Great!	Good!	Try hard!

047

線つなぎ①

Class [　　　　] Number [　　　　] Name [　　　　　　　　　　　　　　　]

　アルファベットの大文字と小文字を線で結ぼう。ただし，線は交差してはいけないよ。また，線が枠から外に出てもいけないよ。すべてうまく結べるかな？

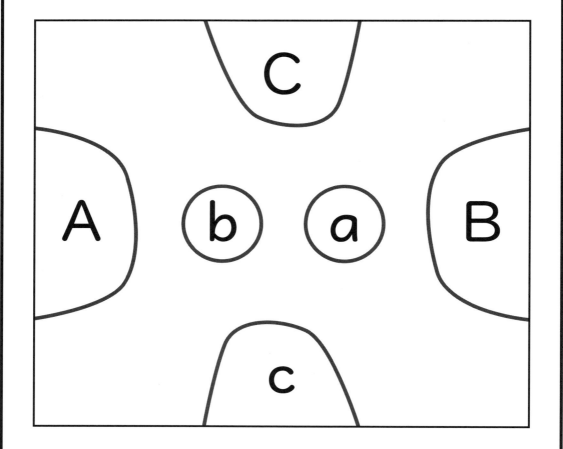

何分で結べられたかな？

1分以内	2分以内	3分以内	4分以内	5分以内
Excellent!!	Wonderful!	Great!	Good!	Try hard!

線つなぎ②

Class [　　　] Number [　　　] Name [　　　　　　　　　　　　　　]

　アルファベットの大文字と小文字を線で結ぼう。ただし，線は交差してはいけないよ。また，線が枠から外に出てもいけないよ。すべてうまく結べるかな？

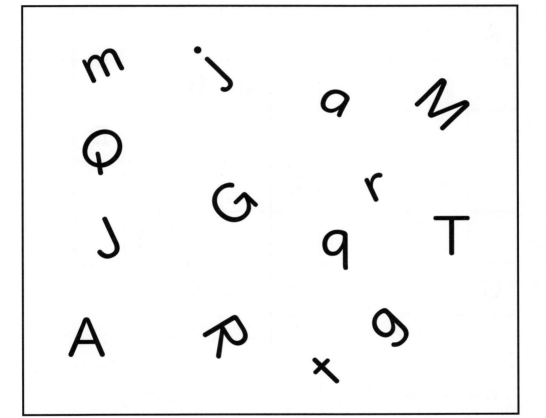

何分で結べられたかな？

1分以内	2分以内	3分以内	4分以内	5分以内
Excellent!!	Wonderful!	Great!	Good!	Try hard!

線つなぎ③

Class [　　　] Number [　　　] Name [　　　　　　　　　　　]

　大文字のＣと小文字のｃのように，たてか横に，アルファベットの大文字と小文字を線で結ぼう。ただし，線は交差してはいけないよ。また，線が枠から外に出てもいけないよ。すべてうまく結べるかな？

A			e					
	F				a	B		j
							D	
	b		k			E		
						H		
G			h		K			
		C		f				J
c			g			d		

何分で結べられたかな？

1分以内	2分以内	3分以内	4分以内	5分以内
Excellent!!	Wonderful!	Great!	Good!	Try hard!

線つなぎ④

Class [　　　] Number [　　　] Name [　　　　　　　　　　　]

　大文字のMと小文字の m のように，たてか横に，アルファベットの大文字と小文字を線で結ぼう。ただし，線は交差してはいけないよ。また，線が枠から外に出てもいけないよ。すべてうまく結べるかな？

			u	r				X	
U	z								s
				Z		x			W
		R				S			
	V				Q			T	
	q							W	
		M				v	p		
m								P	t

何分で結べられたかな？

1分以内	2分以内	3分以内	4分以内	5分以内
Excellent!!	Wonderful!	Great!	Good!	Try hard!

7 アルファベットナンプレ

解 説

ねらい	アルファベットの大文字と小文字を認識することができる。
対象学年	５年生以上
やり方	●どの縦の一列にもA～I（a～i）の９つの文字が１つずつ入ります。
	●どの横の一列にもA～I（a～i）の９つの文字が１つずつ入ります。
	●区切られた３×３のどのブロックにもA～I（a～i）の文字が１つずつ入ります。

例

E	A	C	B	H	F	G	D	I
F	B	I	D	E	G	A	C	H
D	G	H	C	I	A	E	B	F
A	F	G	E	B	I	C	H	D
H	I	D	G	A	C	F	E	B
B	C	E	H	F	D	I	G	A
C	D	A	F	G	H	B	I	E
G	E	F	I	D	B	H	A	C
I	H	B	A	C	E	D	F	G

留意点	●１つの列や行に，同じ文字は入りません。

Worksheet ❶
アルファベット大文字ナンプレ①
時間 10分

Class		Number		Name	

●ナンプレのやり方は、次のとおりです。
（1）どのたての一列にも A, B, C, D, E, F, G, H, I の9つの文字が1つずつ入ります。
（2）どの横の一列にも A, B, C, D, E, F, G, H, I の9つの文字が1つずつ入ります。
（3）区切られた3×3のどのブロックにも A,B,C,D,E,F,G,H,I の文字が1つずつ入ります。

●空白に文字を入れ、ナンプレを完成させよう。

E	A	C	B	H	F	G	D	I
F	B	I	D	E	G	A	C	H
D	G	H	C	I	A	E	B	F
A	F	G	E	B	I	C	H	D
H	I	D	G	A	C	F	E	B
B	C	E	H	F	D	I	G	A
C	D	A	F	G	H	B	I	E
G	E	F	I	D	B	H	A	C
I	H	B	A	C	E	D	F	G

050

Worksheet ❷
アルファベット大文字ナンプレ②
時間 10分

Class		Number		Name	

●ナンプレのやり方は、次のとおりです。
（1）どのたての一列にも A, B, C, D, E, F, G, H, I の9つの文字が1つずつ入ります。
（2）どの横の一列にも A, B, C, D, E, F, G, H, I の9つの文字が1つずつ入ります。
（3）区切られた3×3のどのブロックにも A, B, C, D, E, F, G, H, I の文字が1つずつ入ります。

●空白に文字を入れ、ナンプレを完成させよう。

I	G	A	B	H	E	D	F	C
F	B	E	C	D	I	H	G	A
D	C	H	A	F	G	I	E	B
C	I	D	H	B	F	E	A	G
H	E	G	I	C	A	F	B	D
B	A	F	G	E	D	C	I	H
A	H	I	E	G	C	B	D	F
G	F	C	D	I	B	A	H	E
E	D	B	F	A	H	G	C	I

051

Worksheet ❸
アルファベット小文字ナンプレ①
時間 10分

Class		Number		Name	

●ナンプレのやり方は、次のとおりです。
（1）どのたての一列にも a, b, c, d, e, f, g, h, i の9つの文字が1つずつ入ります。
（2）どの横の一列にも a, b, c, d, e, f, g, h, i の9つの文字が1つずつ入ります。
（3）区切られた3×3のどのブロックにも a, b, c, d, e, f, g, h, i の文字が1つずつ入ります。

●空白に文字を入れ、ナンプレを完成させよう。

a	g	c	f	h	e	d	b	i
h	f	i	d	a	b	g	c	e
d	b	e	c	i	g	a	f	h
f	a	b	h	g	i	c	e	d
e	i	d	a	f	c	b	h	g
g	c	h	e	b	d	i	a	f
c	d	g	b	e	h	f	i	a
b	e	a	i	d	f	h	g	c
i	h	f	g	c	a	e	d	b

052

Worksheet ❹
アルファベット小文字ナンプレ②
時間 10分

Class		Number		Name	

●ナンプレのやり方は、次のとおりです。
（1）どのたての一列にも a, b, c, d, e, f, g, h, i の9つの文字が1つずつ入ります。
（2）どの横の一列にも a, b, c, d, e, f, g, h, i の9つの文字が1つずつ入ります。
（3）区切られた3×3のどのブロックにも a, b, c, d, e, f, g, h, i の文字が1つずつ入ります。

●空白に文字を入れ、ナンプレを完成させよう。

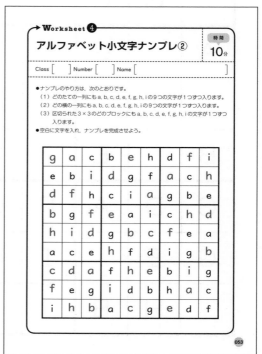

g	a	c	b	e	h	d	f	i
e	b	i	d	g	f	a	c	h
d	f	h	c	i	a	g	b	e
b	g	f	e	a	i	c	h	d
h	i	d	g	b	c	f	e	a
a	c	e	h	f	d	i	g	b
c	d	a	f	h	e	b	i	g
f	e	g	i	d	b	h	a	c
i	h	b	a	c	g	e	d	f

053

アルファベット大文字ナンプレ①

時 間
10分

Class [　　　] Number [　　　] Name [　　　　　　　　]

● ナンプレのやり方は，次のとおりです。

（1）どのたての一列にも A, B, C, D, E, F, G, H, I の9つの文字が1つずつ入ります。

（2）どの横の一列にも A, B, C, D, E, F, G, H, I の9つの文字1つずつ入ります。

（3）区切られた3×3のどのブロックにも A, B, C, D, E, F, G, H, I の文字が1つずつ入ります。

● 空白に文字を入れ，ナンプレを完成させよう。

E	A		B	H		G		I
F		I		G			C	H
	G	H	C	I	A	E	B	
A		G	E		I	C		D
	I		G	A	C		E	
B		E		F		I	G	A
C	D	A	F	G	H	B		
G	E		I	D			A	C
	H	B			E	D	F	G

アルファベット大文字ナンプレ②

時間
10分

Class [　　　] Number [　　] Name [　　　　　　　　]

● ナンプレのやり方は，次のとおりです。

（1）どのたての一列にもA, B, C, D, E, F, G, H, Iの9つの文字が1つずつ入ります。

（2）どの横の一列にもA, B, C, D, E, F, G, H, Iの9つの文字が1つずつ入ります。

（3）区切られた3×3のどのブロックにもA, B, C, D, E, F, G, H, Iの文字が1つずつ入ります。

● 空白に文字を入れ，ナンプレを完成させよう。

		A		H			F	C
F			C		I		G	
	C	H		F	G	I		B
	I	D	H		F		A	G
H			I		A	F	B	
		F		E		C	I	H
	H		E	G		B		
G		C		I	B		H	E
	D		F		H	G	C	I

アルファベット小文字ナンプレ①

Class [　　　] Number [　　　] Name [　　　　　　　　　　　　]

● ナンプレのやり方は，次のとおりです。

　（1） どのたての一列にも a, b, c, d, e, f, g, h, i の 9 つの文字が 1 つずつ入ります。

　（2） どの横の一列にも a, b, c, d, e, f, g, h, i の 9 つの文字が 1 つずつ入ります。

　（3） 区切られた 3 × 3 のどのブロックにも a, b, c, d, e, f, g, h, i の文字が 1 つずつ
　　　入ります。

● 空白に文字を入れ，ナンプレを完成させよう。

		c	h				b	
h	f		d		b		c	e
d		e		i		a		
	a			g		c		d
	d		a		c		h	
g				b	d	i		f
c		g	b	e		f	i	
b		a			f	h		c
i	h		g				d	b

アルファベット小文字ナンプレ②

時 間
10分

Class [　　　] Number [　　　] Name [　　　　　　　　　　]

● ナンプレのやり方は，次のとおりです。

（1）どのたての一列にも a, b, c, d, e, f, g, h, i の9つの文字が1つずつ入ります。

（2）どの横の一列にも a, b, c, d, e, f, g, h, i の9つの文字が1つずつ入ります。

（3）区切られた3×3のどのブロックにも a, b, c, d, e, f, g, h, i の文字が1つずつ入ります。

● 空白に文字を入れ，ナンプレを完成させよう。

		c	b		h	d		i
e	b			g	f		c	
		h	c	i		g	b	e
	g			a	i	c		
			g				e	a
a	c	e		f	d	i	g	
			f			b		g
	e	g		d	b	h		c
i			a		g		d	f

8 ばらばら文字！これな〜に？

解 説

ねらい	アルファベットの文字の形を認識し，上手に組み立てることができる。
対象学年	４年生以上
やり方	●アルファベットカードを半分または３等分したものをつなぎ合わせ，文字を組み立てます。 ●どんなアルファベットになるか４線に書きます。

例

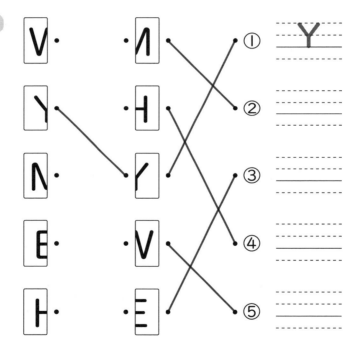

留意点	●必要に応じ，アルファベットの一覧表を見ながらやらせるとよいでしょう。

解答

➤ Worksheet ❶

ばらばら文字！これな〜に？①

時間 3分

Class [　　　] Number [　　　] Name [　　　　　　　]

アルファベットの大文字を半分に切ったら，バラバラになってしまったよ。うまく左側と右側を線で結び，文字を完成してほしい。4線には，できあがったアルファベットの大文字を書こう。

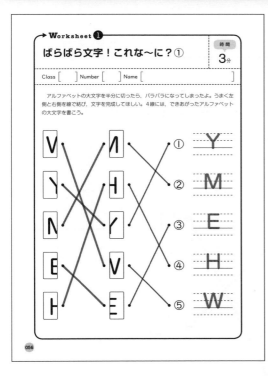

① Y
② M
③ E
④ H
⑤ W

056

➤ Worksheet ❷

ばらばら文字！これな〜に？②

時間 3分

Class [　　　] Number [　　　] Name [　　　　　　　]

アルファベットの小文字を半分に切ったら，バラバラになってしまったよ。うまく左側と右側を線で結び，文字を完成してほしい。4線には，できあがったアルファベットの小文字を書こう。

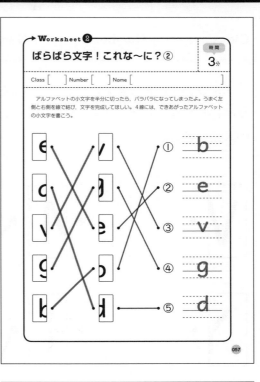

① b
② e
③ v
④ g
⑤ d

057

➤ Worksheet ❸

ばらばら文字！これな〜に？③

時間 3分

Class [　　　] Number [　　　] Name [　　　　　　　]

3つに切ったアルファベットの大文字を，うまくつなぎあわせ，文字を完成してほしい。4線には，できあがったアルファベットの大文字を書こう。

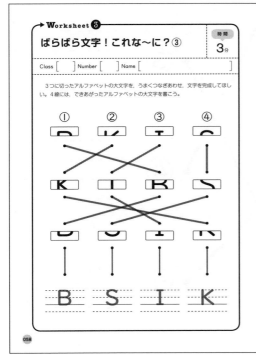

① ② ③ ④

B S I K

058

➤ Worksheet ❹

ばらばら文字！これな〜に？④

時間 3分

Class [　　　] Number [　　　] Name [　　　　　　　]

3つに切ったアルファベットの小文字を，うまくつなぎあわせ，文字を完成してほしい。4線には，できあがったアルファベットの小文字を書こう。

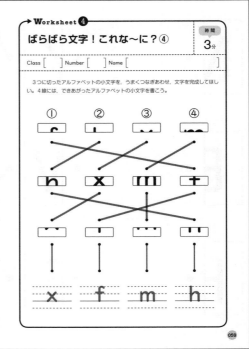

① ② ③ ④

x f m h

059

ばらばら文字！これな～に？①

Class [   ] Number [   ] Name [   ]

　アルファベットの大文字を半分に切ったら，バラバラになってしまったよ。うまく左側と右側を線で結び，文字を完成してほしい。４線には，できあがったアルファベットの大文字を書こう。

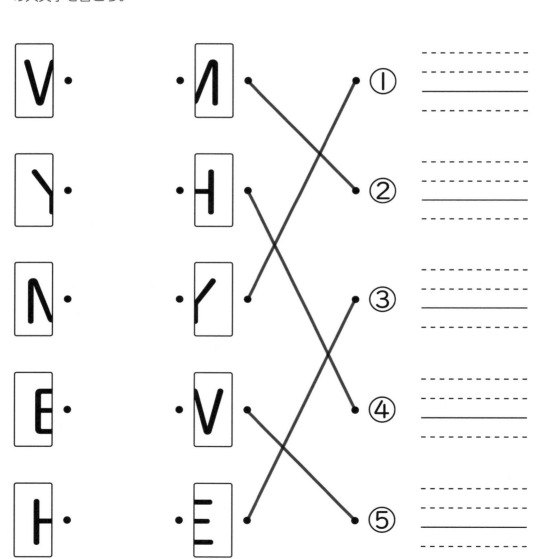

ばらばら文字！これな～に？②

時間
3分

Class [   ] Number [   ] Name [   ]

　アルファベットの小文字を半分に切ったら，バラバラになってしまったよ。うまく左側と右側を線で結び，文字を完成してほしい。4線には，できあがったアルファベットの小文字を書こう。

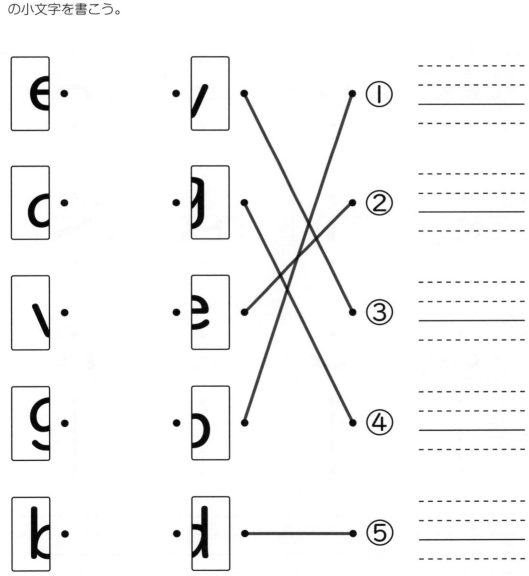

①

②

③

④

⑤

057

ばらばら文字！これな〜に？③

時間
3分

Class [　　　] Number [　　　] Name [　　　　　　　　　　　　　　　]

　3つに切ったアルファベットの大文字を，うまくつなぎあわせ，文字を完成してほしい。4線には，できあがったアルファベットの大文字を書こう。

① ② ③ ④

ばらばら文字！これな～に？④

Class [   ] Number [   ] Name [   ]

　3つに切ったアルファベットの小文字を，うまくつなぎあわせ，文字を完成してほしい。4線には，できあがったアルファベットの小文字を書こう。

① ② ③ ④

9 大文字・小文字 de ペア探し

解 説

ねらい	アルファベットの大文字と小文字を認識することができる。
対象学年	4年生以上
やり方	●大文字と小文字を斜め（／）の線で消していくと，余ってしまうカードがあります。そのカードの対となる文字を答えるパズルです。

例

留意点	●向きを変えると，BとQ，DとP，NとUの小文字が同じ形になっていることに気付かせることができます。

解 答

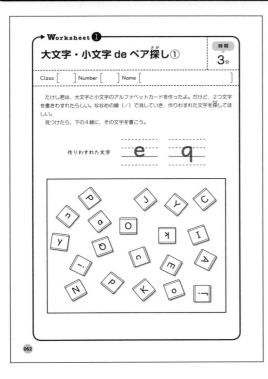

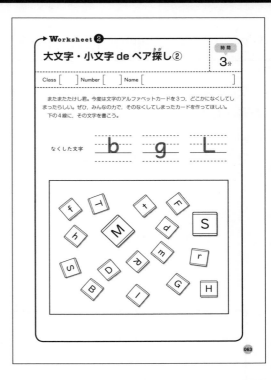

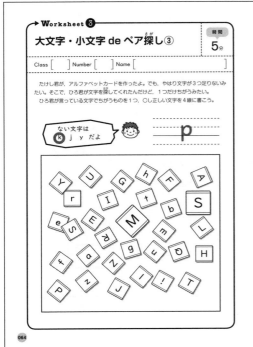

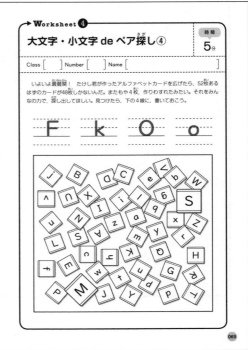

大文字・小文字 de ペア探し①

Class [　　　] Number [　　　] Name [　　　　　　　　　　　]

　たけし君は，大文字と小文字のアルファベットカードを作ったよ。だけど，2つ文字を書きわすれたらしい。ななめの線（／）で消していき，作りわすれた文字を探してほしい。

　見つけたら，下の4線に，その文字を書こう。

作りわすれた文字

```
- - - - - - - - - -     - - - - - - - - - -
- - - - - - - - - -     - - - - - - - - - -
_____     _____
- - - - - - - - - -     - - - - - - - - - -
```

大文字・小文字 de ペア探し②

Class [　　　] Number [　　] Name [　　　　　　　　　]

またまたたけし君。今度は文字のアルファベットカードを３つ，どこかになくしてしまったらしい。ぜひ，みんなの力で，そのなくしてしまったカードを作ってほしい。

下の４線に，その文字を書こう。

なくした文字　　- - - - - - - - - -　- - - - - - - - - -　- - - - - - - - - -
　　　　　　　　- - - - - - - - - -　- - - - - - - - - -　- - - - - - - - - -
　　　　　　　　―――――――――　―――――――――　―――――――――
　　　　　　　　- - - - - - - - - -　- - - - - - - - - -　- - - - - - - - - -

大文字・小文字 de ペア探し③

Class [　　　] Number [　　　] Name [　　　　　　　　　　　　　　]

　たけし君が，アルファベットカードを作ったよ。でも，やはり文字が３つ足りないみたい。そこで，ひろ君が文字を探してくれたんだけど，１つだけちがうみたい。

　ひろ君が言っている文字でちがうものを１つ，〇し正しい文字を４線に書こう。

ない文字は
k j y だよ

- - - - - - - - - - - - - - - - - - -

- - - - - - - - - - - - - - - - - - -

大文字・小文字 de ペア探し④

Class [　　　] Number [　　　] Name [　　　　　　　　　　]

　いよいよ最難関！　たけし君が作ったアルファベットカードを広げたら，52枚ある
はずのカードが48枚しかないんだ。またもや４枚，作りわすれたみたい。それをみん
なの力で，探し出してほしい。見つけたら，下の４線に，書いておこう。

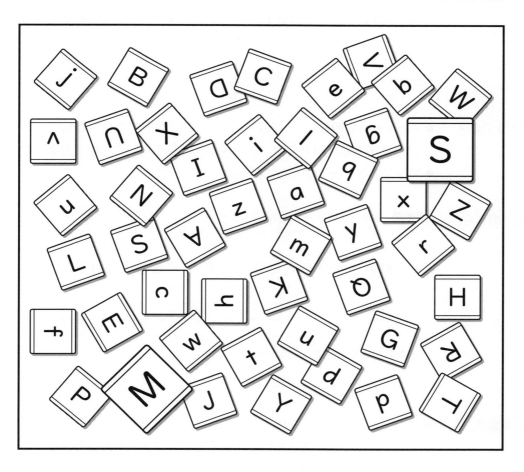

10 抜けている文字はな〜に？

解 説

ねらい	アルファベットの大文字と小文字を認識し，書くことができる。

対象学年	５年生以上

やり方 その1
- アルファベットが並んでいます。
- しかし，抜けている文字があるので，その文字を見つけ出します。

例

アルファベットが並んでいるよ。でも，数えてみると26文字全部はないよ。
足りない文字を見つけて，４線に書いてみよう。

① A B D E F H I J K L M N O P Q S T U W X Y Z

---------- ---------- ---------- ----------
---------- ---------- ---------- ----------

---------- ---------- ---------- ----------

やり方 その2
- Worksheet ❸❹では，順番がバラバラになっており，さらに，その見つけた文字を並べ替えると，ある英単語になるという仕掛けがあります。
- アルファベット文字から，英単語への移行です。

例

超難関 アルファベットがバラバラに並んでいるよ。数えてみると26文字全部はないよ。足りない文字を見つけて，並べ替えると，ある英単語になるんだって！

① B A Y K V D F L Q H U G M R E N Z C J I W X

---------- ---------- ---------- ----------
---------- ---------- ---------- ----------
————— ————— ————— —————
---------- ---------- ---------- ----------

ヒント 交差点では必ず行います。

留意点
- アルファベットが不安な児童のために，アルファベットカードを黒板に貼ったり，アルファベットが書かれているプリントを渡したりしておくとよいでしょう。

解 答

➡Worksheet ①

抜けている文字はな〜に？①

時間 5分

Class [　　] Number [　　] Name [　　　　]

アルファベットが並んでいるよ。でも、数えてみると26文字全部はないよ。
足りない文字を見つけて、4線に書いてみよう。

① A B D E F H I J K L M N O P Q S T U W X Y Z

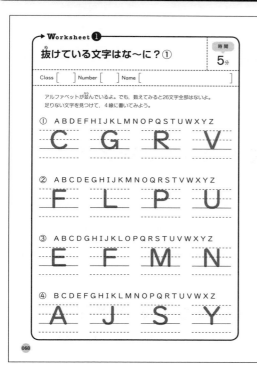

C G R V

② A B C D E G H I J K M N O Q R S T V W X Y Z

F L P U

③ A B C D G H I J K L O P Q R S T U V W X Y Z

E F M N

④ B C D E F G H I K L M N O P Q R T U V W X Z

A J S Y

068

➡Worksheet ②

抜けている文字はな〜に？②

時間 5分

Class [　　] Number [　　] Name [　　　　]

アルファベットが並んでいるよ。でも、数えてみると26文字全部はないよ。
足りない文字を見つけて、4線に書いてみよう。

① a b c e f h i j k l m o p r s t u v w x y z

d g n q

② a b c d e g h i j k m n o p q r s t v w x z

f l u y

③ a c e f g h i j k l m n o r s t u v w x y z

b d p q

④ a b c d e f g h i j l m n p q r t u v w x y z

k o s w

069

➡Worksheet ③

抜けている文字はな〜に？③

時間 10分

Class [　　] Number [　　] Name [　　　　]

超難関 アルファベットがバラバラに並んでいるよ。数えてみると26文字全部はないよ。足りない文字を見つけて、並べ替えると、ある英単語になるんだって！

① B A Y K V D F L Q H U G M R E N Z C J I W X

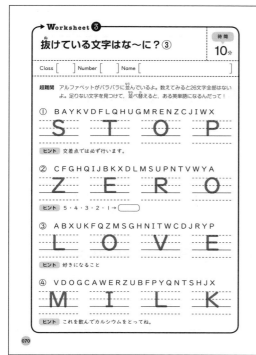

S T O P

ヒント 交差点では必ず行けます。

② C F G H Q I J B K X D L M S U P N T V W Y A

Z E R O

ヒント 5・4・3・2・1→ [　　]

③ A B X U K F Q Z M S G H N I T W C D J R Y P

L O V E

ヒント 好きになること

④ V D O G C A W E R Z U B F P Y Q N T S H J X

M I L K

ヒント これを飲んでカルシウムをとってね。

070

➡Worksheet ④

抜けている文字はな〜に？④

時間 10分

Class [　　] Number [　　] Name [　　　　]

超難関 アルファベットがバラバラに並んでいるよ。数えてみると26文字全部はないよ。足りない文字を見つけて、並べ替えると、ある英単語になるんだって！

① e i j r n f h a p x y b c q v w s k l m t u z

d o g

ヒント 英語では Bow wow とほえるよ！

② b f l i j k u n q o p w x d z r e y m g h s v

c a t

ヒント 英語では Neow となくよ！

③ g b p q y n l x o u r d v j k m t a z c e w

f i s h

ヒント 海や川にいるね。

④ f c g j z a s p h l b d u i v t x w q r

m o n k e y

ヒント 山にいるよ。バナナの好きな動物

071

抜けている文字はな〜に？①

Class [　　　　] Number [　　　] Name [　　　　　　　　　　　　]

アルファベットが並んでいるよ。でも，数えてみると26文字全部はないよ。
足りない文字を見つけて，4線に書いてみよう。

① A B D E F H I J K L M N O P Q S T U W X Y Z

② A B C D E G H I J K M N O Q R S T V W X Y Z

③ A B C D G H I J K L O P Q R S T U V W X Y Z

④ B C D E F G H I K L M N O P Q R T U V W X Z

抜けている文字はな～に？②

時間
5分

Class [   ] Number [   ] Name [   ]

アルファベットが並んでいるよ。でも，数えてみると26文字全部はないよ。
足りない文字を見つけて，４線に書いてみよう。

① a b c e f h i j k l m o p r s t u v w x y z

-------------   -------------   -------------   -------------
-------------   -------------   -------------   -------------
_____   _____   _____   _____
-------------   -------------   -------------   -------------

② a b c d e g h i j k m n o p q r s t v w x z

-------------   -------------   -------------   -------------
-------------   -------------   -------------   -------------
_____   _____   _____   _____
-------------   -------------   -------------   -------------

③ a c e f g h i j k l m n o r s t u v w x y z

-------------   -------------   -------------   -------------
-------------   -------------   -------------   -------------
_____   _____   _____   _____
-------------   -------------   -------------   -------------

④ a b c d e f g h i j l m n p q r t u v x y z

-------------   -------------   -------------   -------------
-------------   -------------   -------------   -------------
_____   _____   _____   _____
-------------   -------------   -------------   -------------

抜けている文字はな〜に？③

Class [　　　] Number [　　　] Name [　　　　　　　　　]

超難関　アルファベットがバラバラに並んでいるよ。数えてみると26文字全部はないよ。足りない文字を見つけて，並べ替えると，ある英単語になるんだって！

① B A Y K V D F L Q H U G M R E N Z C J I W X

- - - - - - - - - 　- - - - - - - - - 　- - - - - - - - - 　- - - - - - - - -
- - - - - - - - - 　- - - - - - - - - 　- - - - - - - - - 　- - - - - - - - -
- - - - - - - - -

ヒント　交差点では必ず行います。

② C F G H Q I J B K X D L M S U P N T V W Y A

- - - - - - - - - 　- - - - - - - - - 　- - - - - - - - - 　- - - - - - - - -
- - - - - - - - - 　- - - - - - - - - 　- - - - - - - - - 　- - - - - - - - -

ヒント　5・4・3・2・1 → (　　　　　)

③ A B X U K F Q Z M S G H N I T W C D J R Y P

- - - - - - - - - 　- - - - - - - - - 　- - - - - - - - - 　- - - - - - - - -
- - - - - - - - - 　- - - - - - - - - 　- - - - - - - - - 　- - - - - - - - -

ヒント　好きになること

④ V D O G C A W E R Z U B F P Y Q N T S H J X

- - - - - - - - - 　- - - - - - - - - 　- - - - - - - - - 　- - - - - - - - -
- - - - - - - - - 　- - - - - - - - - 　- - - - - - - - - 　- - - - - - - - -
- - - - - - - - -

ヒント　これを飲んでカルシウムをとってね。

抜けている文字はな〜に？④

Class [   ] Number [   ] Name [   ]

超難関 アルファベットがバラバラに並んでいるよ。数えてみると26文字全部はないよ。足りない文字を見つけて，並べ替えると，ある英単語になるんだって！

① e i j r n f h a p x y b c q v w s k l m t u z

---------- ---------- ----------
---------- ---------- ----------
_____ _____ _____
---------- ---------- ----------

ヒント 英語では Bow wow とほえるよ！

② b f l i j k u n q o p w x d z r e y m g h s v

---------- ---------- ----------
---------- ---------- ----------
_____ _____
---------- ----------

ヒント 英語では Neow となくよ！

③ g b p q y n l x o u r d v j k m t a z c e w

---------- ---------- ---------- ----------
---------- ---------- ---------- ----------
_____ _____ _____
---------- ---------- ----------

ヒント 海や川にいるね。

④ f c g j z a s p h l b d u i v t x w q r

-------- -------- -------- --------
-------- -------- -------- --------
_____ _____ _____ _____
-------- -------- -------- --------

ヒント 山にいるよ。バナナの好きな動物

11 マスターマインドに挑戦！

解 説

ねらい	アルファベットの文字を認識することができる。
対象学年	５年生以上
やり方	● Jack 先生が，３つのアルファベットを隠し持っています。

● 子どもたちが３つのアルファベットを当てるゲームです。

● 例のように，China（ちな）さんが「C K R」と言って，Jack 先生が「２！」と言っているので，C，K，R のうち２つは，当たっているという意味です。Jack 先生と子どもたちのやり取りを整理した表をもとにゲームを進めます。

例

China

C K R

2 !

Jack 先生

【例題】　　答え（　C　R　X　）

子ども	CKR	CKU	CUR	SPT	QWE	FIX	YIX	JXS
Jack 先生	2	1	2	0	0	1	1	1

留意点	● 授業中に行う場合は，黒板に A ～ Z（a ～ z）まで書いておくといいです。

Worksheet ❶　マスターマインドに挑戦！①

| 【例題】 | 答え（ | C | R | X | ） |
| 【問題】 | 答え（ | L | V | Z | ） |

Worksheet ❷　マスターマインドに挑戦！②

| 【問題①】 | 答え（ | a | c | q | ） |
| 【問題②】 | 答え（ | a | i | j | ） |

Worksheet ❸　マスターマインドに挑戦！③

| 【問題①】 | 答え（ | F | M | T | ） |
| 【問題②】 | 答え（ | C | K | M | ） |

Worksheet ❹　マスターマインドに挑戦！④

| 【問題①】 | 答え（ | o | s | t | ） |
| 【問題②】 | 答え（ | a | r | s | ） |

マスターマインドに挑戦！①

Class [　　　] Number [　　] Name [　　　　　　　　　　]

　Jack（ジャック）先生が，英語の授業でマスターマインドゲームをやっているよ。
　Jack 先生が，３つのアルファベットを隠し持っていて，子どもたちが３つのアルファベットを当てようとしているんだ。
　みんなは３つのアルファベットを当てることができるかな？

China

C　K　R

2！

Jack 先生

　China（ちな）さんが「C K R」と言って，Jack 先生が「2！」と言っているので，C，K，R のうち２つは，当たっているという意味だよ。
　さあ，３つのアルファベットを当ててみよう！
　Jack 先生と子どもたちのやり取りを整理したのが，次の表だよ。

【例題】　答え（　　　　　　　　）

子ども	CKR	CKU	CUR	SPT	QWE	FIX	YIX	JXS
Jack 先生	2	1	2	0	0	1	1	1

【問題】　答え（　　　　　　　　）

子ども	PUA	FDO	WLX	CQJ	KVZ	FVZ	WCJ	WCX
Jack 先生	0	0	1	0	2	2	0	0

マスターマインドに挑戦！②

時間
5分

Class [　　　] Number [　　　] Name [　　　　　　　　　　]

Jack（ジャック）先生が，英語の授業でマスターマインドゲームをやっているよ。

Jack 先生が，3つのアルファベットを隠し持っていて，子どもたちが3つのアルファベットを当てようとしているんだ。

みんなは3つのアルファベットを当てることができるかな？

China

e a v

1 !

Jack 先生

China（ちな）さんが「e a v」と言って，Jack 先生が「1 ！」と言っているので，e，a，v のうち1つは，当たっているという意味だよ。

さあ，3つのアルファベットを当ててみよう！

Jack 先生と子どもたちのやり取りを整理したのが，次の表だよ。

【問題①】　　答え（　　　　　　　　）

子ども	e a v	s t k	m j l	a b c	a b k	a m j	y r q	s t q
Jack 先生	1	0	0	2	1	1	1	1

【問題②】　　答え（　　　　　　　　）

子ども	p o i	p o j	p a b	p k c	l d w	y a u	o a m	y m o
Jack 先生	1	1	1	0	0	1	1	0

マスターマインドに挑戦！③

Class [　　　] Number [　　　] Name [　　　　　　　　　　　　　　　]

　Jack（ジャック）先生が，英語の授業でマスターマインドゲームをやっているよ。
　Jack 先生が，3つのアルファベットを隠し持っていて，子どもたちが3つのアルファベットを当てようとしているんだ。
　みんなは3つのアルファベットを当てることができるかな？

China

F A T

2 !

Jack 先生

　China（ちな）さんが「F A T」と言って，Jack 先生が「2 !」と言っているので，F，A，T のうち2つは，当たっているという意味だよ。
　さあ，3つのアルファベットを当ててみよう！
　Jack 先生と子どもたちのやり取りを整理したのが，次の表だよ。

【問題①】　　答え（　　　　　　　　　　　）

子ども	FAT	CUT	FAB	FHT	DXZ	RSE	DXM	OLM
Jack 先生	2	1	1	2	0	0	1	1

【問題②】　　答え（　　　　　　　　　　　）

子ども	CSZ	PGK	MYZ	CSI	CAB	PCG	PKF	PCY
Jack 先生	1	1	1	1	1	1	1	1

マスターマインドに挑戦！④

Class [   ] Number [   ] Name [   ]

Jack（ジャック）先生が，英語の授業でマスターマインドゲームをやっているよ。

Jack 先生が，3つのアルファベットを隠し持っていて，子どもたちが3つのアルファベットを当てようとしているんだ。

みんなは3つのアルファベットを当てることができるかな？

China

o n e

1 !

Jack 先生

China（ちな）さんが「o n e」と言って，Jack 先生が「1！」と言っているので，o, n，e のうち1つは，当たっているという意味だよ。

さあ，3つのアルファベットを当ててみよう！

Jack 先生と子どもたちのやり取りを整理したのが，次の表だよ。

【問題①】　　答え（　　　　　　　　　　）

子ども	one	elf	two	ewo	tfo	des	toe	tod
Jack 先生	1	0	2	1	2	1	2	2

【問題②】　　答え（　　　　　　　　　　）

子ども	qxz	hls	hlr	hqx	lyd	uap	uxz	axz
Jack 先生	0	1	1	0	0	1	0	1

12 大文字・小文字 de あみだくじ

解 説

ねらい	アルファベットの大文字と小文字を認識することができる。
対象学年	4年生以上
やり方	●どこかに線を足して，大文字・小文字がマッチするように，あみだくじを完成させます。
例	

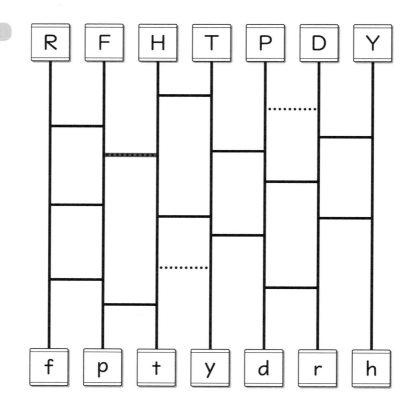

留意点	●あみだくじのやり方を知らない児童がいる場合，やり方を説明します。

例）① 上から下に進んでいきます。

② 途中，横の線があったら，横の線に進んでいきます。

③ 縦の線につきあたったら，下に進みます。

④ ①②③を繰り返します。

➤ Worksheet ❶

大文字・小文字 de あみだくじ①

時間 **3**分

Class [　　] Number [　　] Name [　　　　　]

3か所の点線のうち，1か所，線を引くと，大文字・小文字のあみだくじが完成するよ。どこに引くといいかな？

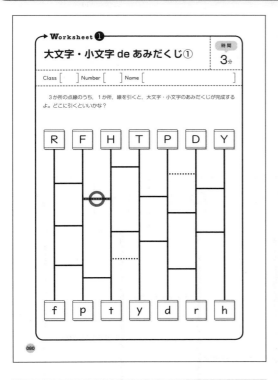

➤ Worksheet ❷

大文字・小文字 de あみだくじ②

時間 **3**分

Class [　　] Number [　　] Name [　　　　　]

4か所の点線のうち，2か所，線を引くと，大文字・小文字のあみだくじが完成するよ。どこに引くといいかな？

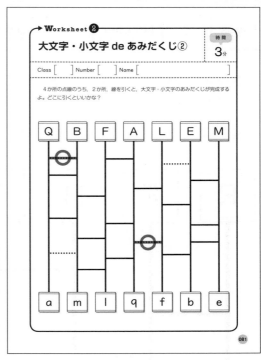

➤ Worksheet ❸

大文字・小文字 de あみだくじ③

時間 **3**分

Class [　　] Number [　　] Name [　　　　　]

1か所どこかに，横に線を引くと，大文字・小文字のあみだくじが完成するよ。どこに引くといいかな？

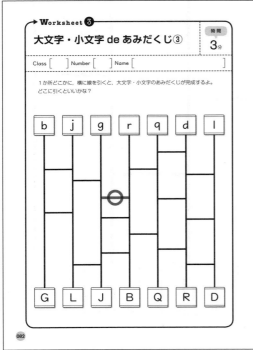

➤ Worksheet ❹

大文字・小文字 de あみだくじ④

時間 **3**分

Class [　　] Number [　　] Name [　　　　　]

3か所どこかに，横に線を引くと，大文字・小文字のあみだくじが完成するよ。どこに引くといいかな？

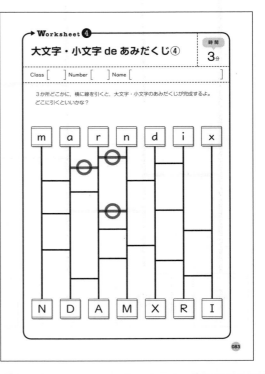

大文字・小文字 de あみだくじ ①

時間
3分

Class [　　　] Number [　　　] Name [　　　　　　　　　　　　　　　　]

　3か所の点線のうち，1か所，線を引くと，大文字・小文字のあみだくじが完成するよ。どこに引くといいかな？

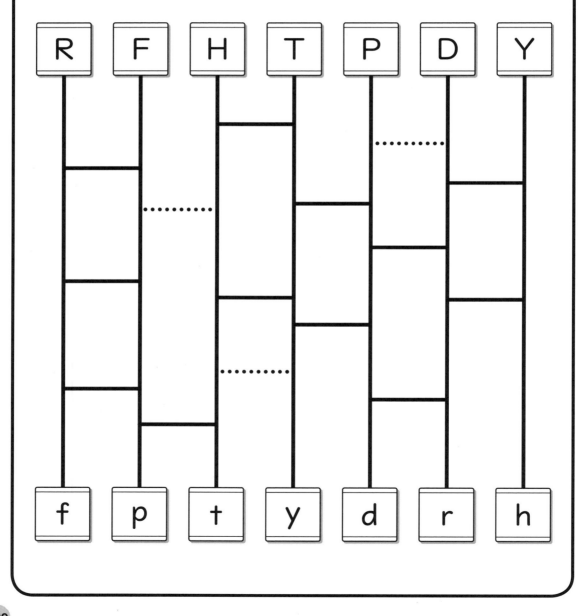

大文字・小文字 de あみだくじ ②

Class [　　　] Number [　　　] Name [　　　　　　　　　]

4か所の点線のうち，2か所，線を引くと，大文字・小文字のあみだくじが完成するよ。どこに引くといいかな？

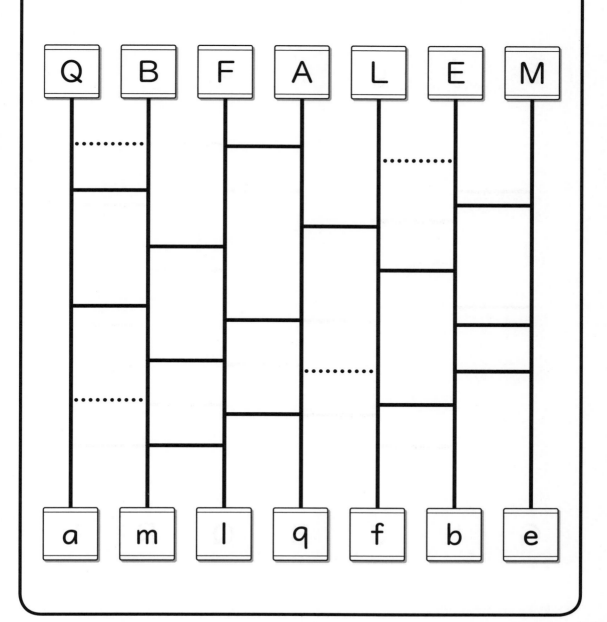

大文字・小文字 de あみだくじ③

Class [   ] Number [   ] Name [   ]

1か所どこかに，横に線を引くと，大文字・小文字のあみだくじが完成するよ。
どこに引くといいかな？

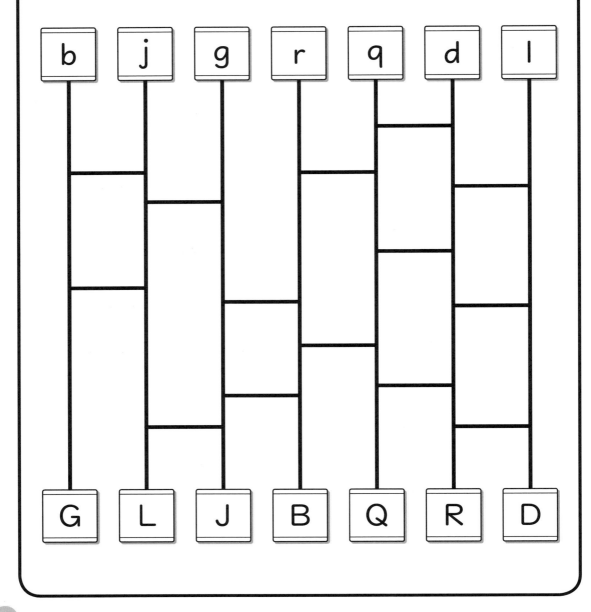

大文字・小文字 de あみだくじ ④

Class [　　　] Number [　　　] Name [　　　　　　　　　　　]

3か所どこかに，横に線を引くと，大文字・小文字のあみだくじが完成するよ。
どこに引くといいかな？

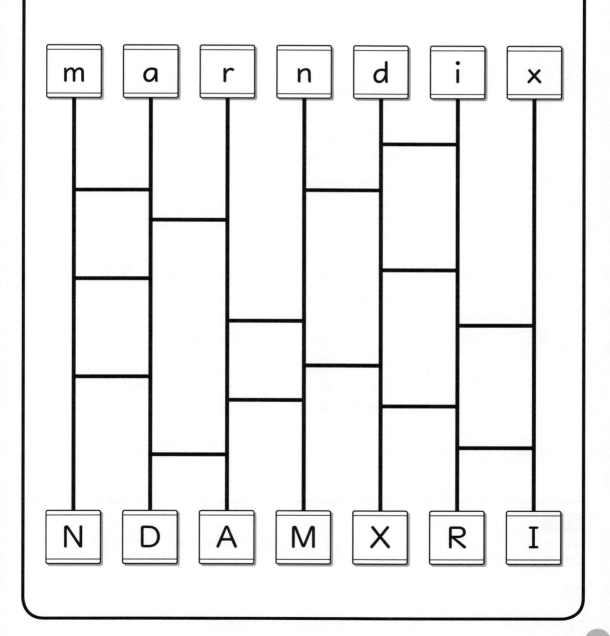

Coffee break アルファベットクイズ

Q1 アルファベットは何文字？

Q2 指1本で，大文字のYを作ってください。

Q3 次の□にアルファベットを入れましょう。

① S □ T □ T F S
（ヒント：7つあるね）

② J F M □ M J J □ S □ N D
（ヒント：今度は12こあるね）

③ O T □ F F □ S □ N T
（ヒント：10こだね）

④ J Y K A □ H K N □ S A □ M T S H R
（ヒント：2019年にRがふえたね）

Q4 次の会話のアルファベットが何をさすかわかるかな？

ひろ君　　　「AB食べたいな～」
よしこさん　「Qに言われても…。」
ひろ君　　　「Eじゃん」
よしこさん　「じゃ，食べにEこうか」
ひろ君　　　「Y！」

答え

Q1　7文字（ア・ル・ファ・ベ・ッ・ト）　　Q2　人差し指をまげて横から見ると，Yの字が浮き出ます。

Q3　① M・W（曜日）　　② A・A・O（月名）　　③ T・S・E（数字の1～10）
　　④ N・M・E（時代名）

Q4　AB（えび）食べたい／Q（急）に／E（い～）じゃん／E（行）こうか／Y（わ～い）

084

Chapter

2

語彙力が身につく！
英単語パズル

1 ワードサーチ

解 説

ねらい	英単語を認識することができる。
対象学年	5年生以上
やり方	●文字の中から，英単語を探し，○をしていきます。

例

例) pen 　① eraser 　② pencase 　③ ruler 　④ notebook

r	b	a	g	l	e	p	v	d	e	s	k
u	i	p	e	k	e	c	h	a	l	k	i
l	n	e	i	n	s	c	h	o	o	l	c
e	k	s	c	n	o	t	e	b	o	o	k
r	g	a	t	c	l	o	c	k	s	b	v
f	s	y	b	l	u	e	p	e	c	l	c
e	l	b	o	o	k	f	e	r	i	a	o
c	h	a	i	r	o	n	n	a	s	c	m
o	e	r	a	s	e	r	c	s	s	k	p
g	w	h	i	t	e	e	i	a	o	b	a
h	l	x	p	y	d	l	e	r	o	s
r	l	u	e	e	n	o	t	r	s	a	s
e	e	l	e	g	n	g	l	u	o	r	e
d	i	c	s	t	a	p	l	e	r	d	s

⑤ glue 　⑥ stapler 　⑦ pencil 　⑧ scissors

留意点	●指定された英単語以外にも，いろいろな英単語が隠れています。

　　　例）① desk, bag, chair など教室にあるもの

　　　　　② ball, glove, net など

　　　　　③ go, come, talk などの動詞

　　　　　④季節，天気など

●文字の形，英単語の綴りに注意が向き，文字認識能力が高まります。

解 答

Worksheet ❶

ワードサーチ　文房具編

時間 5分

Class [　　] Number [　　] Name [　　　　]

例にならって，たて，横，ななめから，①～⑧の英単語を探し，○で囲もう。

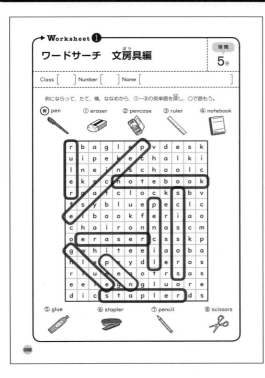

⑤ glue　　　⑥ stapler　　　⑦ pencil　　　⑧ scissors

Worksheet ❷

ワードサーチ　スポーツ編

時間 5分

Class [　　] Number [　　] Name [　　　　]

例にならって，たて，横，ななめから，①～⑨の英単語を探し，○で囲もう。

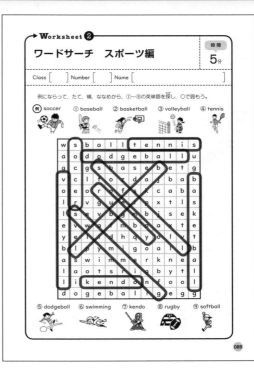

⑤ dodgeball　⑥ swimming　⑦ kendo　⑧ rugby　⑨ softball

Worksheet ❸

ワードサーチ　動作編

時間 5分

Class [　　] Number [　　] Name [　　　　]

例にならって，たて，横，ななめから，①～⑨の英単語を探し，○で囲もう。

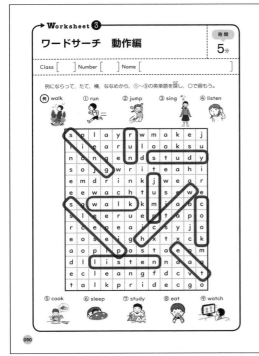

⑤ cook　　⑥ sleep　　⑦ study　　⑧ eat　　⑨ watch

Worksheet ❹

ワードサーチ　からだの調子編

時間 5分

Class [　　] Number [　　] Name [　　　　]

例にならって，たて，横，ななめから，①～⑨の英単語を探し，○で囲もう。

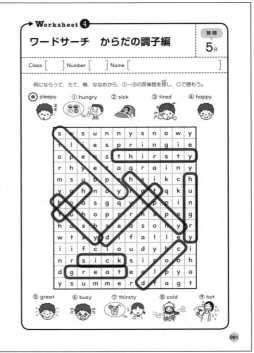

⑤ great　　⑥ busy　　⑦ thirsty　　⑧ cold　　⑨ hot

Worksheet ①

ワードサーチ　文房具編

時間

5分

Class [　　　] Number [　　　] Name [　　　　　　　　　　　　]

例にならって，たて，横，ななめから，①〜⑧の英単語を探し，〇で囲もう。

例) pen
① eraser
② pencase
③ ruler
④ notebook

r	b	a	g	l	e	p	v	d	e	s	k
u	i	p	e	k	e	c	h	a	l	k	i
l	n	e	i	n	s	c	h	o	o	l	c
e	k	s	c	n	o	t	e	b	o	o	k
r	g	a	t	c	l	o	c	k	s	b	v
f	s	y	b	l	u	e	p	e	c	l	c
e	l	b	o	o	k	f	e	r	i	a	o
c	h	a	i	r	o	n	n	a	s	c	m
o	e	r	a	s	e	r	c	s	s	k	p
g	w	h	i	t	e	e	i	a	o	b	a
h	l	x	p	x	y	d	l	e	r	o	s
r	l	u	e	e	n	o	t	r	s	a	s
e	e	l	e	g	n	g	l	u	o	r	e
d	i	c	s	t	a	p	l	e	r	d	s

⑤ glue
⑥ stapler
⑦ pencil
⑧ scissors

ワードサーチ　スポーツ編

時間
5分

Class [　　　] Number [　　　] Name [　　　　　　　　　]

例にならって，たて，横，ななめから，①〜⑨の英単語を探し，○で囲もう。

例 soccer　　①baseball　　②basketball　　③volleyball　　④tennis

w	s	b	a	l	l	t	e	n	n	i	s
a	o	d	o	d	g	e	b	a	l	l	u
g	c	g	s	b	a	s	e	b	e	t	g
v	c	l	f	o	z	d	a	j	b	a	b
o	e	o	r	o	f	s	k	c	a	b	a
l	r	v	g	u	e	t	p	x	t	l	s
l	s	e	v	b	g	m	b	j	s	e	k
e	v	w	a	f	m	b	n	a	x	t	e
y	e	l	i	d	h	q	y	o	l	v	t
b	l	p	y	m	i	g	o	a	l	l	b
a	s	w	i	m	m	e	r	k	n	e	a
l	a	o	t	s	r	i	g	b	y	t	l
l	i	k	e	n	d	o	n	f	o	o	l
d	o	g	e	b	a	l	l	g	e	g	g

⑤dodgeball　　⑥swimming　　⑦kendo　　⑧rugby　　⑨softball

ワードサーチ　動作編

時間
5分

Class [　　　] Number [　　　] Name [　　　　　　　　　　　]

例にならって，たて，横，ななめから，①〜⑨の英単語を探し，〇で囲もう。

⑳ walk 　① run 　② jump 　③ sing 　④ listen

s	p	l	a	y	r	w	m	a	k	e	j
i	i	e	a	r	u	l	o	o	k	s	u
n	c	n	g	e	n	d	s	t	u	d	y
s	o	j	g	w	r	i	t	e	a	h	i
e	m	d	r	i	n	k	j	w	e	a	r
e	e	w	a	c	h	t	u	s	e	w	e
s	g	w	a	l	k	k	m	i	a	b	c
s	l	e	e	r	u	e	p	t	a	p	o
r	c	e	p	e	a	i	c	s	y	j	o
e	o	s	e	i	g	h	x	t	x	c	k
a	o	p	l	p	o	s	t	a	e	o	m
d	l	l	i	s	t	e	n	n	a	a	a
e	c	l	e	a	n	g	f	d	c	v	t
t	a	l	k	p	r	i	d	e	c	g	o

⑤ cook 　⑥ sleep 　⑦ study 　⑧ eat 　⑨ watch

ワードサーチ　からだの調子編

Class [　　　] Number [　　　] Name [　　　　　　　　　　　]

例にならって，たて，横，ななめから，①〜⑨の英単語を探し，〇で囲もう。

⑲ sleepy   ① hungry    ② sick   ③ tired   ④ happy

s	w	s	u	n	n	y	s	n	o	w	y
t	l	i	e	s	p	r	i	n	g	i	e
o	p	e	n	s	t	h	i	r	s	t	y
r	h	y	e	t	a	q	r	a	i	n	y
m	s	u	b	p	e	h	s	i	k	c	h
y	g	h	n	o	y	r	a	t	q	k	u
b	o	a	s	g	q	y	i	p	p	i	n
t	u	h	o	p	r	r	h	s	p	s	g
h	a	s	b	s	e	a	s	o	n	y	r
w	t	x	y	d	i	f	a	l	l	e	y
i	i	f	c	l	o	u	d	y	h	c	i
n	r	s	i	c	k	s	i	c	o	o	h
d	g	r	e	a	t	e	a	l	p	y	a
y	s	u	m	m	e	r	d	f	a	g	t

⑤ great   ⑥ busy   ⑦ thirsty    ⑧ cold   ⑨ hot

② クロスワードパズル①

解 説

ねらい　英単語の文字数や使われている文字を認識し，クロスワードを完成すること
ができる。

対象学年　5年生以上

やり方　●指定された英単語をクロスワードの中に埋め込みます。

●その際，文字数や文字が重なる部分に気を付け，どこにどの英単語が入る
か考えます。

例

留意点　●この活動により，文字を書いたり，英単語を認識することに慣れ親しむこ
とができます。

●文字の形，英単語の綴りに注意が向き，文字認識能力が高まります。

解 答

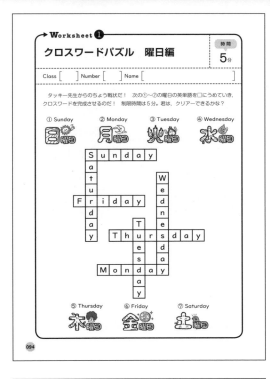

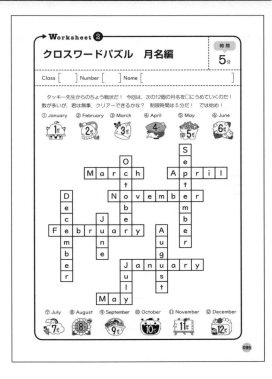

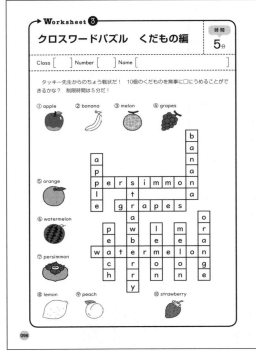

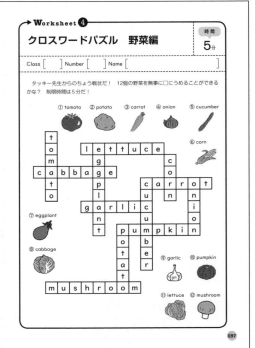

クロスワードパズル　曜日編

Class [　　　] Number [　　　] Name [　　　　　　　　　　　　]

　タッキー先生からのちょう戦状だ！　次の①～⑦の曜日の英単語を□にうめていき，クロスワードを完成させるのだ！　制限時間は5分。君は，クリアーできるかな？

① Sunday 　② Monday 　③ Tuesday 　④ Wednesday

⑤ Thursday 　⑥ Friday 　⑦ Saturday

クロスワードパズル　月名編

Class [　　　] Number [　　　] Name [　　　　　　　　　]

　タッキー先生からのちょう戦状だ！　今回は，次の12個の月名を□にうめていくのだ！
数が多いが，君は無事，クリアーできるかな？　制限時間は５分だ！　では始め！

① January 　② February 　③ March 　④ April 　⑤ May 　⑥ June

⑦ July 　⑧ August 　⑨ September 　⑩ October 　⑪ November 　⑫ December

クロスワードパズル　くだもの編

Class [　　　] Number [　　　] Name [　　　　　　　　　　]

　タッキー先生からのちょう戦状だ！　10個のくだものを無事に□にうめることができるかな？　制限時間は5分だ！

① apple

② banana

③ melon

④ grapes

⑤ orange

⑥ watermelon

⑦ persimmon

⑧ lemon

⑨ peach

⑩ strawberry

クロスワードパズル　野菜編

Class [　　　] Number [　　　] Name [　　　　　　　　　　]

　タッキー先生からのちょう戦状だ！　12個の野菜を無事に□にうめることができるかな？　制限時間は5分だ！

① tomato　② potato　③ carrot　④ onion　⑤ cucumber

⑥ corn

⑦ eggplant

⑧ cabbage

⑨ garlic　⑩ pumpkin

⑪ lettuce　⑫ mushroom

3 クロスワードパズル②

解 説

ねらい	英単語の文字数や使われている文字を認識し，クロスワードを完成することができる。
対象学年	5年生以上
やり方	●指定された英単語をクロスワードの中に埋め込みます。 ●その際，文字数や文字が重なる部分に気を付け，どこにどの英単語が入るか考えます。
例	

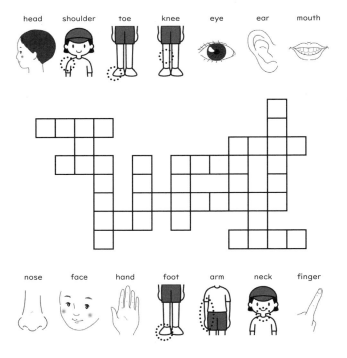

留意点
- この活動により，文字を書いたり，英単語を認識したりすることに慣れ親しむことができます。
- 文字の形，英単語の綴りに注意が向き，文字認識能力が高まります。

解答

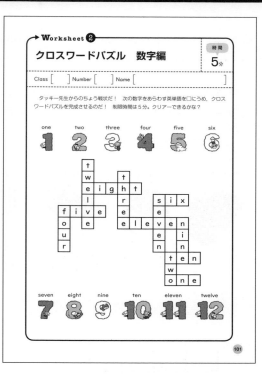

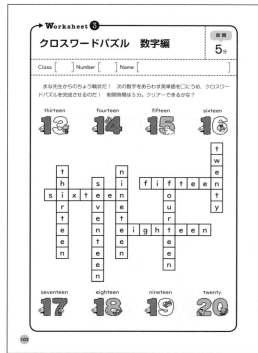

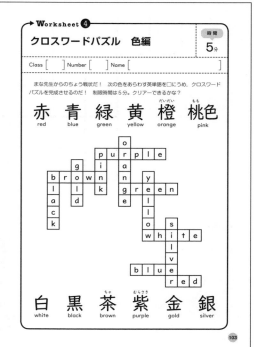

クロスワードパズル　からだ編

Class [　　　] Number [　　　] Name [　　　　　　　　　　　]

　タッキー先生からのちょう戦状だ！　次のからだをあらわす英単語を□にうめ, クロスワードパズルを完成させるのだ！　制限時間は5分。クリアーできるかな？

head 　shoulder 　toe 　knee 　eye 　ear 　mouth

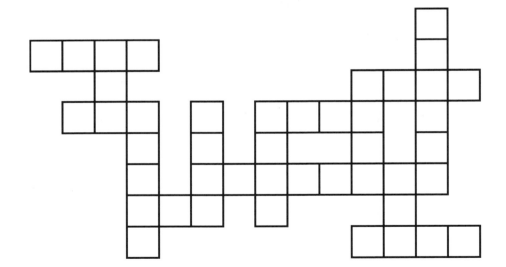

nose 　face 　hand 　foot 　arm 　neck 　finger

クロスワードパズル　数字編

Class [　　　] Number [　　　] Name [　　　　　　　　]

　タッキー先生からのちょう戦状だ！　次の数字をあらわす英単語を□にうめ，クロスワードパズルを完成させるのだ！　制限時間は５分。クリアーできるかな？

one 　two 　three 　four 　five 　six

seven 　eight 　nine 　ten 　eleven 　twelve

クロスワードパズル　数字編

Class [　　　] Number [　　　] Name [　　　　　　　　　　　　　]

　まな先生からのちょう戦状だ！　次の数字をあらわす英単語を□にうめ，クロスワードパズルを完成させるのだ！　制限時間は５分。クリアーできるかな？

thirteen 　　　fourteen 　　　fifteen 　　　sixteen

seventeen 　　　eighteen 　　　nineteen 　　　twenty

クロスワードパズル　色編

Class [　　　] Number [　　　] Name [　　　　　　　　　]

まな先生からのちょう戦状だ！　次の色をあらわす英単語を□にうめ，クロスワードパズルを完成させるのだ！　制限時間は5分。クリアーできるかな？

赤　青　緑　黄　橙　桃色
red　blue　green　yellow　orange　pink
　　　　　　　　　だいだい　もも

白　黒　茶　紫　金　銀
white　black　brown　purple　gold　silver
　　　　　ちゃ　むらさき

4 文字をひろって英単語を作ろう

解 説

ねらい	文字を選んでいき，英単語を書き写すことができる。
対象学年	5年生以上
やり方 その1	●迷路を進み，途中の文字をひろいながら出口までいきます。
	●通ったところの文字を4線に書き写し，それが何であるか日本語で書きます。

例

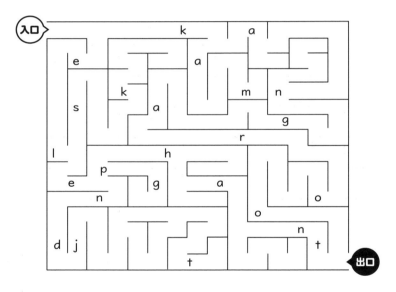

やり方 その2	●絵を表す英単語の音に合うよう，文字を選びながら英単語を完成させます。
	●できあがった英単語を4線に書きます。

例

①

b o k
d a g

留意点	●この活動により，音がどのような文字になるのか気付かせます。

解 答

➤ Worksheet ❶

文字をひろって英単語を作ろう①

時間 5分

Class [   ] Number [   ] Name [   ]

2頭の動物が入口のところに立っているよ。入口から入って2頭の動物は分かれるけれど，最後は出口でまた出会うよ。文字をひろっていくと，どの動物かが見えてくるよ。ひろっていった文字を4線に書いて，2頭の動物を当ててみよう。

ひろった文字を書き，（　）に，2頭の動物を日本語で書こう。

etephant   kangaroo

（　　ゾウ　　）（　カンガルー　）

➤ Worksheet ❷

文字をひろって英単語を作ろう②

時間 5分

Class [   ] Number [   ] Name [   ]

たけし君が大好きなくだものを袋に入れて持ち運んでいるよ。入口から入って，文字をひろっていくと，たけし君の大好きなくだものがわかるよ。4線に文字を書き写し，（　）には日本語で書こう。

ひろった文字を書き，（　）に，くだものを日本語で書こう。

watermelon   grapefruit

（　　スイカ　　）（ グレープフルーツ ）

➤ Worksheet ❸

文字をひろって英単語を作ろう③

時間 5分

Class [   ] Number [   ] Name [   ]

例にならって，文字を選んでいき，英単語を完成させよう。

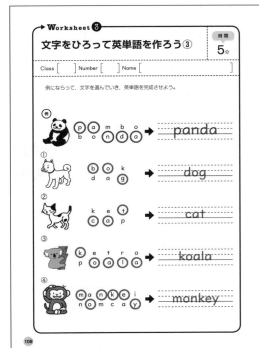

➤ Worksheet ❹

文字をひろって英単語を作ろう④

時間 5分

Class [   ] Number [   ] Name [   ]

例にならって，文字を選んでいき，英単語を完成させよう。

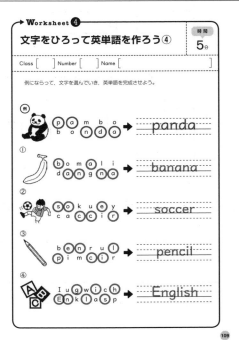

文字をひろって英単語を作ろう①

Class [　　　] Number [　　　] Name [　　　　　　　　　　　]

　２頭の動物が入口のところに立っているよ。入口から入って２頭の動物は分かれるけれど，最後は出口でまた出会うよ。文字をひろっていくと，どの動物かが見えてくるよ。ひろっていった文字を４線に書いて，２頭の動物を当ててみよう。

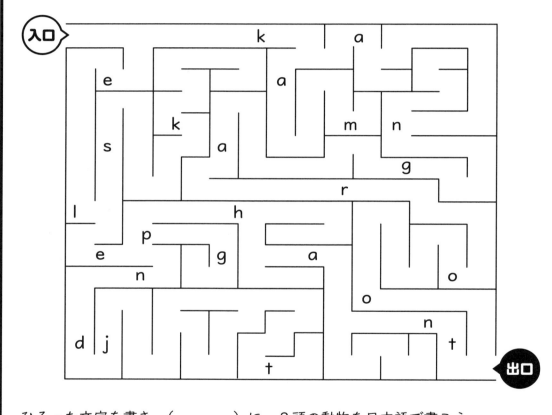

ひろった文字を書き，（　　　　　）に，２頭の動物を日本語で書こう。

- - - - - - - - - - - - - - - - - - -　　　- - - - - - - - - - - - - - - - - - -
- - - - - - - - - - - - - - - - - - -　　　- - - - - - - - - - - - - - - - - - -
―――――――――――――――――――　　　―――――――――――――――――――
- - - - - - - - - - - - - - - - - - -　　　- - - - - - - - - - - - - - - - - - -

（　　　　　　　　　　　）（　　　　　　　　　　　　　　）

文字をひろって英単語を作ろう②

Class [　　　] Number [　　　] Name [　　　　　　　　　　]

　たけし君が大好きなくだものを袋に入れて持ち運んでいるよ。入口から入って，文字をひろっていくと，たけし君の大好きなくだものがわかるよ。4線に文字を書き写し，（　　）には日本語で書こう。

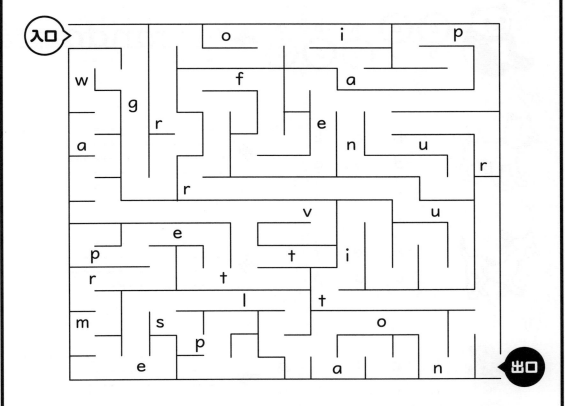

入口

o　i　p

w

g

f　a

r

e

a

n　u

r

r

v

u

e

p

t　i

r　t

m　s　l　t

p　o

e　a　n

出口

ひろった文字を書き，（　　　　　）に，くだものを日本語で書こう。

- -

- -

―――――――――――　―――――――――――

- -

（　　　　　　　　　）（　　　　　　　　　）

文字をひろって英単語を作ろう③

Class [　　] Number [　　] Name [　　　　　　　　　]

例にならって，文字を選んでいき，英単語を完成させよう。

例

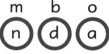

➡ **panda**

①

```
b   o   k
d   a   g
```

➡

②

```
k   e   t
c   a   p
```

➡

③
```
k   e   t   r   o
p   o   a   l   a
```

➡

④

```
m   a   n   k   e   i
n   o   m   c   a   y
```

➡

文字をひろって英単語を作ろう④

Class [   ] Number [   ] Name [   ]

例にならって，文字を選んでいき，英単語を完成させよう。

例 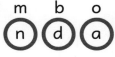 ➡ panda

①
b o m a l i
d a n g n a ➡

②
s o k u e y
c a c c i r ➡

③
b e n r u l
p i m c i r ➡

④
I u g w i c h
E n k l a s p ➡

5 どんな英単語ができるかな？

解 説

ねらい	文字を足したり，引いたり，組み合わせたりして英単語を作ることができる。
対象学年	5年生以上
やり方 その1	●あみだで文字をたどっていくとある英単語になります。 ●その英単語を表す絵を，線で結びます。

例

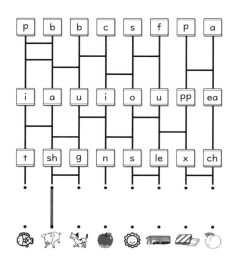

やり方 その2	●英単語の中の文字を引いたり，足したりして，英単語を変化させていきます。 ●最終的に，どんな英単語になるか考え，絵と線で結びます。

例

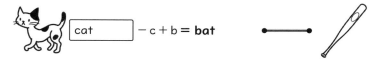

cat － c ＋ b ＝ **bat**

留意点	● fish の sh や，peach の ea や ch は，1つの音になります。

解 答

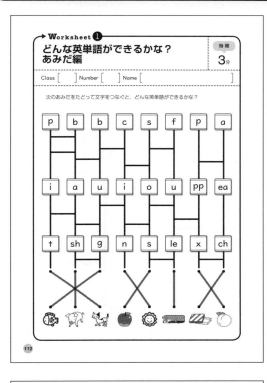

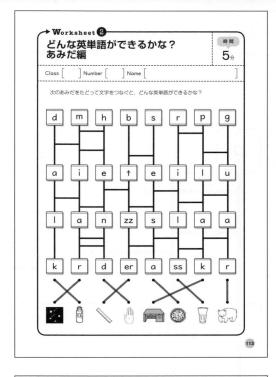

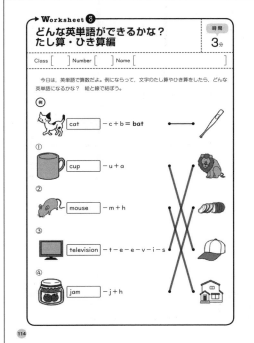

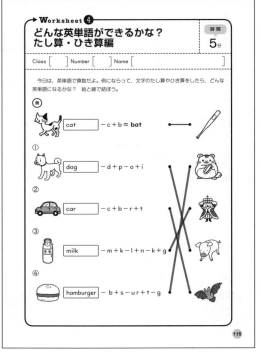

どんな英単語ができるかな？
あみだ編

時 間
3分

Class [　　　] Number [　　　] Name [　　　　　　　　]

次のあみだをたどって文字をつなぐと，どんな英単語ができるかな？

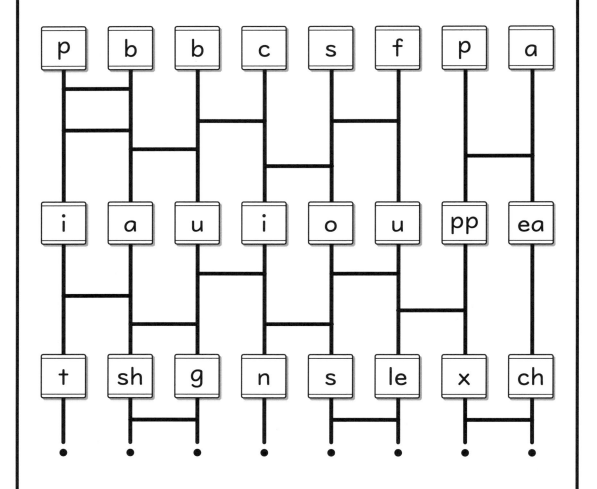

どんな英単語ができるかな？
あみだ編

Class [　　　] Number [　　　] Name [　　　　　　　　　　　]

次のあみだをたどって文字をつなぐと，どんな英単語ができるかな？

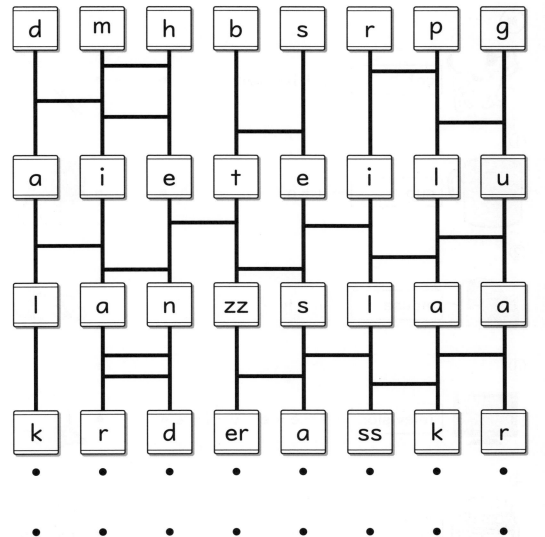

どんな英単語ができるかな？
たし算・ひき算編

Class [　　　] Number [　　　] Name [　　　　　　　　　]

今日は，英単語で算数だよ。例にならって，文字のたし算やひき算をしたら，どんな英単語になるかな？　絵と線で結ぼう。

⦿例

cat ― c + b ＝ **bat**

①

cup ― u + a

②

mouse ― m + h

③

television ― t ― e ― e ― v ― i ― s

④

jam ― j + h

どんな英単語ができるかな？
たし算・ひき算編

時間
5分

Class [   ] Number [   ] Name [   ]

　今日は，英単語で算数だよ。例にならって，文字のたし算やひき算をしたら，どんな英単語になるかな？　絵と線で結ぼう。

 例

 cat − c ＋ b ＝ **bat**   ●━━━●

① dog − d ＋ p − o ＋ i   ●   ● 

② car − c ＋ b − r ＋ t   ●   ●

③ milk − m ＋ k − l ＋ n − k ＋ g ●   ●

④ hamburger − b ＋ s − u r ＋ t − g ●   ●

6 はじめの音はな〜に？

解 説

ねらい	英単語の初頭音（はじめの音）に気付き，音素を取り出すことができる。
対象学年	5年生以上

やり方 その1
- 4つ並んでいる絵の中から，1つだけ初頭音が違うものを選びます。
- 選んだものの文字を縦に読むと，あるメッセージになります。

やり方 その2
- 5枚の絵を見ながら，それぞれの初頭音を〇で囲みます。
- 〇で囲んだ文字を書き写すと，たけし君のきらいなものがわかります。

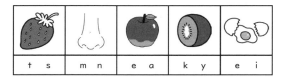

やり方 その3
- 左側の絵を英語にし，あみだを進んでいったところの□に文字を入れると英単語が完成します。
- 入れた□を縦に見てみると，たけし君のきらいな野菜が出てきます。

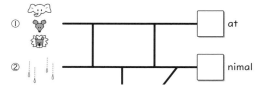

やり方 その4
- 左側の絵と英単語を線で結べるように，□に文字を入れて英単語を完成させます。

留意点	●遊びを通じて，初頭音の取り出しができるようにします。

解答

Worksheet ❶

はじめの音はな〜に？①

時間 **5分**

Class [　] Number [　] Name [　]

たけし君からのちょう戦状だ。次の絵を英語で言ってみると、1つだけはじめの音がちがうものがあるらしい。それぞれ①〜④で1つだけ、はじめの音がちがうものを見つけて、ひらがなを○していくと、たけし君からのメッセージが出てくるよ。うまくメッセージを受け取れるかな？

たけし君からのメッセージ　**きみは, さ ⃝す ⃝が ⃝だ ⃝**

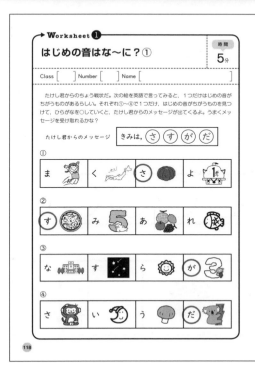

Worksheet ❷

はじめの音はな〜に？②

時間 **5分**

Class [　] Number [　] Name [　]

① たけし君には、きらいなものがあるらしい。次の英単語のはじめの音を選び、○をしよう。それらの文字を順番に書くと、たけし君のきらいなものがあらわれるらしい。君は、好きかな？

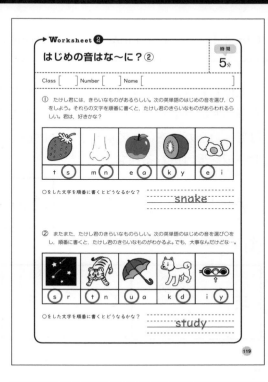

○をした文字を順番に書くとどうなるかな？　　snake

② またまた、たけし君のきらいなものらしい。次の英単語のはじめの音を選び○をし、順番に書くと、たけし君のきらいなものがわかるよ。でも、大事なんだけどな…。

○をした文字を順番に書くとどうなるかな？　　study

Worksheet ❸

はじめの音はな〜に？③

時間 **5分**

Class [　] Number [　] Name [　]

なになに？　まだまだたけし君には、きらいなものがあるらしい。あみだをたどり、①〜⑥の英単語を完成させると、たてに、たけし君のきらいなものが出てくるよ。みんなはどうかな？

たけし君のきらいなもの　（　　にんじん　　）

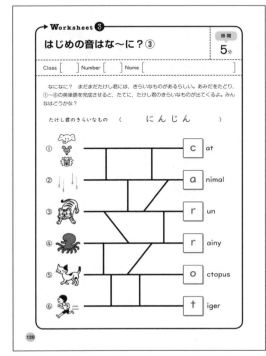

Worksheet ❹

はじめの音はな〜に？④

時間 **5分**

Class [　] Number [　] Name [　]

えっ？　たけし君に得意なことがあるんだって！　なになに？　①〜④の絵を英語にして、右側の英単語と線でつながるように、はじめの音を□に書くと、たけし君の得意なことが出てくるらしい。何だろう？

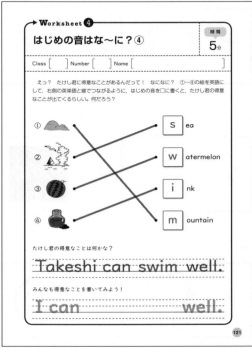

たけし君の得意なことは何かな？

Takeshi can swim well.

みんなも得意なことを書いてみよう！

I can 　　　　　　well.

118　119　120　121

はじめの音はな〜に？①

Class [　　　] Number [　　　] Name [　　　　　　　　　　]

　たけし君からのちょう戦状だ。次の絵を英語で言ってみると，１つだけはじめの音がちがうものがあるらしい。それぞれ①〜④で１つだけ，はじめの音がちがうものを見つけて，ひらがなを○していくと，たけし君からのメッセージが出てくるよ。うまくメッセージを受け取れるかな？

たけし君からのメッセージ　│ きみは，◯ ◯ ◯ ◯ │

①

ま 	く	さ	よ

②

す	み	あ	れ

③

な	す	ら	が

④

さ	い	う	だ

はじめの音はな～に？②

時 間
5分

Class [　　　] Number [　　] Name [　　　　　　　　　　]

① たけし君には，きらいなものがあるらしい。次の英単語のはじめの音を選び，○
をしよう。それらの文字を順番に書くと，たけし君のきらいなものがあらわれるら
しい。君は，好きかな？

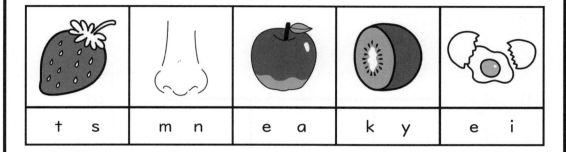

| t s | m n | e a | k y | e i |

○をした文字を順番に書くとどうなるかな？

----

② またまた，たけし君のきらいなものらしい。次の英単語のはじめの音を選び○を
し，順番に書くと，たけし君のきらいなものがわかるよ。でも，大事なんだけどな…。

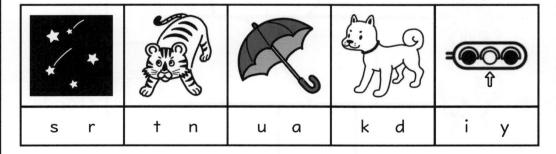

| s r | t n | u a | k d | i y |

○をした文字を順番に書くとどうなるかな？

はじめの音はな〜に？③

Class [ ] Number [ ] Name [ ]

　なになに？　まだまだたけし君には，きらいなものがあるらしい。あみだをたどり，①〜⑥の英単語を完成させると，たてに，たけし君のきらいなものが出てくるよ。みんなはどうかな？

　たけし君のきらいなもの　　（　　　　　　　　　　　　　　　　）

① 　at

② 　nimal

③ 　un

④ 　ainy

⑤ 　ctopus

⑥ 　iger

はじめの音はな〜に？④

Class [   ] Number [   ] Name [   ]

　えっ？　たけし君に得意なことがあるんだって！　なになに？　①〜④の絵を英語にして，右側の英単語と線でつながるように，はじめの音を□に書くと，たけし君の得意なことが出てくるらしい。何だろう？

① ・　　　　　　　　　　　　・ [　] ea

② ・　　　　　　　　　　　　・ [　] atermelon

③ ・　　　　　　　　　　　　・ [　] nk

④ ・　　　　　　　　　　　　・ [　] ountain

たけし君の得意なことは何かな？

Takeshi can　　　　　well.

みんなも得意なことを書いてみよう！

I can　　　　　　　well.

7 おわりの音はな〜に？

解 説

ねらい	英単語のおわりの音に気付き，音素を取り出すことができる。
対象学年	5年生以上

やり方 その1
- 4つ並んでいる絵の中から，1つだけおわりの音が違うものを選びます。
- 選んだものの文字を縦に読むと，あるメッセージになります。

やり方 その2
- 左側の3枚の絵を見ながら，それぞれのおわりの音に注目します。
- そのおわりの音と同じ音でおわる絵を右から選び，線で結びます。

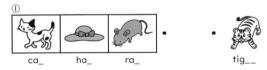

やり方 その3
- 左側の絵を英語にし，あみだを進んでいったところにはじめの文字があります。それに続くおわりの文字を線で結びます。

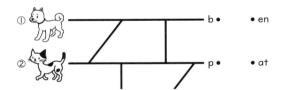

やり方 その4
- 左側の絵と文字を線で結びます。

留意点	●おわりは「母音＋子音」（rime）のかたまりで，区切っています。

解答

Worksheet ❶

おわりの音はな〜に？①

時間 5分

Class [　　] Number [　　] Name [　　　　　]

よしこさんからのちょう戦状だ。次の絵を英語で言うと1つだけおわりの音がちがうものがあるらしい。①〜④のそれぞれの中から1つだけ、おわりの音がちがうもののひらがなに○をすると、よしこさんからのメッセージが出てくるらしい。うまくメッセージを受け取れるかな？

よしこさんからのメッセージ　きみは, （さ）（い）（こ）（う）

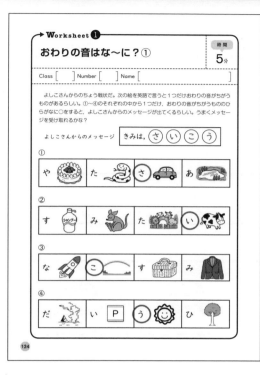

Worksheet ❷

おわりの音はな〜に？②

時間 5分

Class [　　] Number [　　] Name [　　　　　]

よしこさんからのちょう戦状だ。左側の3つの絵をあらわす英語は、おわりの音が同じものだそうだ。そのおわりの音と同じものが右側にあるというのだ。線で結ぶことができるかな？

Worksheet ❸

おわりの音はな〜に？③

時間 3分

Class [　　] Number [　　] Name [　　　　　]

よしこさんからのさらなるちょう戦状だ！　今度は、①〜⑥のあみだを進むと、はじめの文字にたどり着くので、はじめの文字に続く、おわりの部分を線でつなげてほしい。
君は、何分でできるかな？

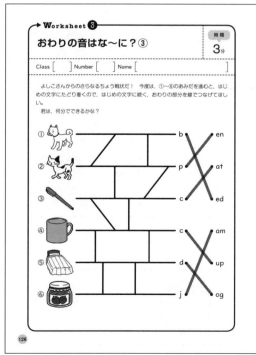

Worksheet ❹

おわりの音はな〜に？④

時間 3分

Class [　　] Number [　　] Name [　　　　　]

またまたよしこさんからのちょう戦状だ！　①〜⑤の絵を英語で言うとどうなるかな？　英語にしたら、右の文字をつないで英単語を完成させよう。
君は、何分でできるかな？

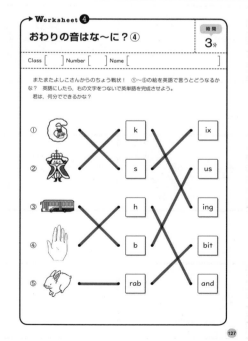

おわりの音はな〜に？①

Class [　　　] Number [　　　] Name [　　　　　　　　　　　]

　よしこさんからのちょう戦状だ。次の絵を英語で言うと１つだけおわりの音がちがうものがあるらしい。①〜④のそれぞれの中から１つだけ，おわりの音がちがうもののひらがなに〇をすると，よしこさんからのメッセージが出てくるらしい。うまくメッセージを受け取れるかな？

よしこさんからのメッセージ | きみは，〇〇〇〇

①

や 	た	さ	あ

②

す 	み	た	い

③

な 	こ 	す	み

④

だ 	い P	う	ひ

おわりの音はな〜に？②

Class [　　　] Number [　　　] Name [　　　　　　　　]

　よしこさんからのちょう戦状だ。左側の３つの絵をあらわす英語は，おわりの音が同じものだそうだ。そのおわりの音と同じものが右側にあるというのだ。線で結ぶことができるかな？

①

  　　　　•　　•　

ca_　　　ha_　　　ra_　　　　　　　　　　tig__

②

  　　　　•　　•　

ne__　　　tru__　　　du__　　　　　　　　pu__

③

 　　　•　　•　

show__　　　flow__　　　spid__　　　　　　ba_

④

  　　　•　　•

di__　　　fi__　　　Engli__　　　　　　　ki__

おわりの音はな～に？③

Class [　　　] Number [　　　] Name [　　　　　　　　　]

　よしこさんからのさらなるちょう戦状だ！　今度は，①～⑥のあみだを進むと，はじめの文字にたどり着くので，はじめの文字に続く，おわりの部分を線でつなげてほしい。

　君は，何分でできるかな？

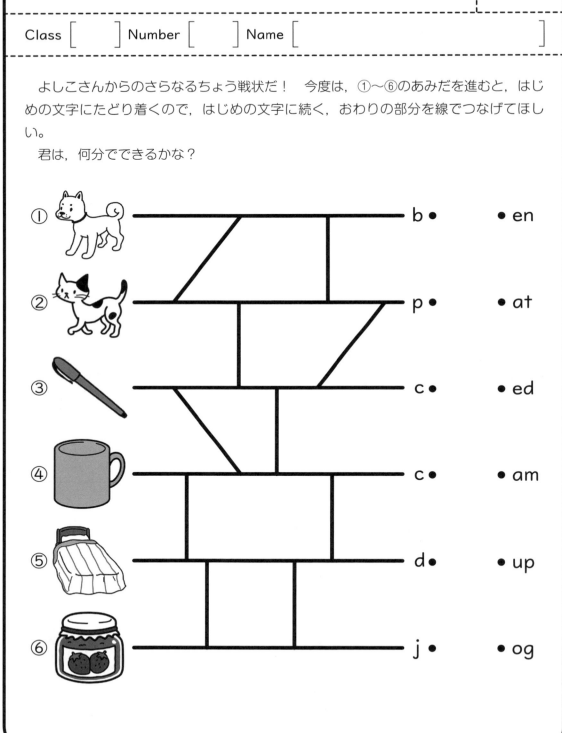

① b ● ● en

② p ● ● at

③ c ● ● ed

④ c ● ● am

⑤ d ● ● up

⑥ j ● ● og

おわりの音はな～に？④

Class [　　　] Number [　　] Name [　　　　　　　　]

　またまたよしこさんからのちょう戦状！　①～⑤の絵を英語で言うとどうなるかな？　英語にしたら，右の文字をつないで英単語を完成させよう。

　君は，何分でできるかな？

① ・　　　・ k ・　　　・ ix

② ・　　　・ s ・　　　・ us

③ ・　　　・ h ・　　　・ ing

④ ・　　　・ b ・　　　・ bit

⑤ ・　　　・ rab ・　　　・ and

127

Chapter 2

8 とちゅうの音はな〜に？

解 説

ねらい	英単語の途中（まん中）の音に気付き，音素を取り出すことができる。
対象学年	５年生以上
やり方 その1	● ４つ並んでいる絵の中から，１つだけ途中の音が違うものを選びます。
	●選んだものの文字を縦に読むと，あるメッセージになります。

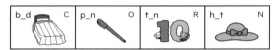

やり方 その2
●左側の２枚の絵を見ながら，それぞれの途中の音に注目します。

●その途中の音と同じ音が入っている英単語の絵を右から選び，線で結びます。

 ・　　　　・

やり方 その3
●左側の絵を英語にし，それに合う英単語と線で結びます。

●□に途中の文字を入れ英単語を完成します。

① ・　　　　・

やり方 その4
●縦，横に英単語が成立するように共通する文字を□に書いていきます。

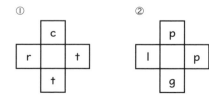

留意点
●途中の音を取り出すには，スローモーションで発音するといいです。

解答

Worksheet ❶

とちゅうの音はな～に？①

時間 3分

Class [　　] Number [　　] Name [　　　　　]

ひろ君からのちょう戦状だ。次の絵を英語で言ってみると，1つだけとちゅうの音がちがうものがあるらしい。①～④の絵の中で，それぞれ1つだけとちゅうの音がちがうものを見つけ，右上の大文字アルファベットを○していこう。するとひろ君からのメッセージが出てくるよ。うまくメッセージを受け取れるかな？

ひろ君からのメッセージ　きみは，Ⓝ Ⓘ Ⓒ Ⓔ

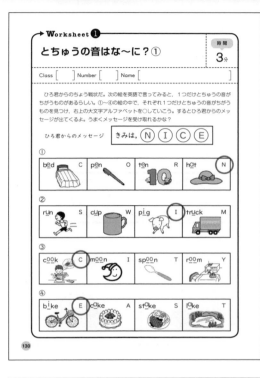

Worksheet ❷

とちゅうの音はな～に？②

時間 5分

Class [　　] Number [　　] Name [　　　　　]

ひろ君からのちょう戦状だ。左側の2つの絵をあらわす英語には，そのとちゅうに同じ音があるそうだ。そのとちゅうの音と同じ音が入る絵が右側にあるらしい。それを線で結んでほしいということだ。君にはできるかな？

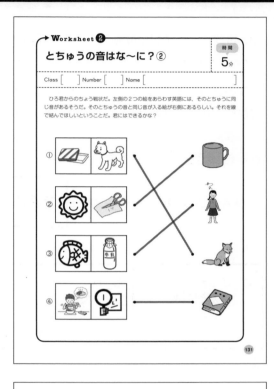

Worksheet ❸

とちゅうの音はな～に？③

時間 3分

Class [　　] Number [　　] Name [　　　　　]

ひろ君からのさらなるちょう戦状だ！　左の絵と英単語を線で結べるように，□に文字を入れ，英単語を完成させるのだ。では，よろしくたのむ。

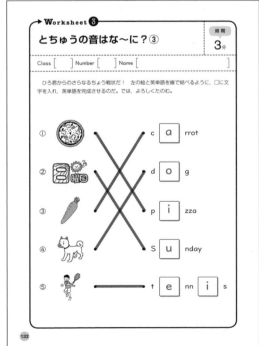

Worksheet ❹

とちゅうの音はな～に？④

時間 5分

Class [　　] Number [　　] Name [　　　　　]

またまたひろ君からのちょう戦状だ！　①～④の□に文字を入れ，英単語を完成させるのだ。君はすべての英単語がわかるかな？

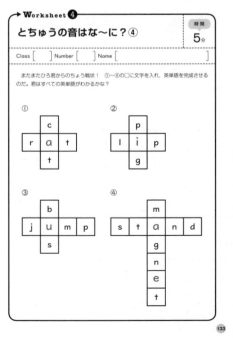

Worksheet ❶

とちゅうの音はな〜に？①

Class [ ] Number [ ] Name [ ]

　ひろ君からのちょう戦状だ。次の絵を英語で言ってみると，１つだけとちゅうの音がちがうものがあるらしい。①〜④の絵の中で，それぞれ１つだけとちゅうの音がちがうものを見つけ，右上の大文字アルファベットを○していこう。するとひろ君からのメッセージが出てくるよ。うまくメッセージを受け取れるかな？

ひろ君からのメッセージ　

①
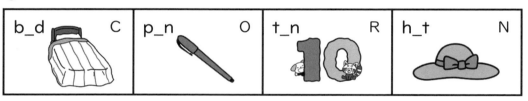

| b_d | C | p_n | O | t_n | R | h_t | N |

②
| r_n | S | c_p | W | p_g | I | tr_ck | M |

③
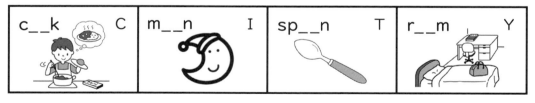

| c__k | C | m__n | I | sp__n | T | r__m | Y |

④
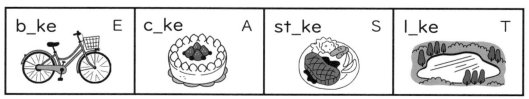

| b_ke | E | c_ke | A | st_ke | S | l_ke | T |

とちゅうの音はな〜に？②

Class [　　　] Number [　　　] Name [　　　　　　　　　　]

　ひろ君からのちょう戦状だ。左側の2つの絵をあらわす英語には，そのとちゅうに同じ音があるそうだ。そのとちゅうの音と同じ音が入る絵が右側にあるらしい。それを線で結んでほしいということだ。君にはできるかな？

①  ・　　　　　　　　　・

②  ・　　　　　　　　　・

③ 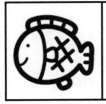 ・　　　　　　　　　・

④   ・　　　　　　　　　・

とちゅうの音はな～に？③

Class [　　　] Number [　　　] Name [　　　　　　　　　　　]

　ひろ君からのさらなるちょう戦状だ！　左の絵と英単語を線で結べるように，□に文字を入れ，英単語を完成させるのだ。では，よろしくたのむ。

① ● 　 ● c  rrot

②  ● 　 ● d [　] g

③ ● 　 ● p [　] zza

④ ● 　 ● S [　] nday

⑤ ● 　 ● t [　] nn [　] s

とちゅうの音はな～に？④

時 間
5分

Class [　　　] Number [　　　] Name [　　　　　　　　　　]

　またまたひろ君からのちょう戦状！　①～④の□に文字を入れ，英単語を完成させるのだ。君はすべての英単語がわかるかな？

①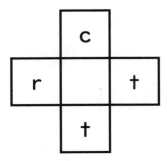

②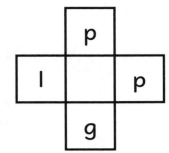

③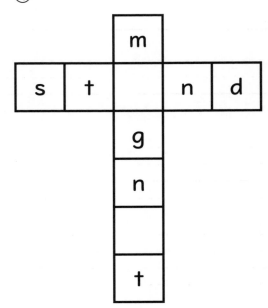

④

Coffee break

英単語パズル

英単語がバラバラになっちゃったよ！　組み合わせると，どんな英単語ができるかな？　できた英単語は４線に書いていこう。

d　low　c　soc

ha　at

li　yel　ve　ke

Sun

key　gr

een　cer　og　mon

day

答え　cat　dog　green　have　like　monkey　soccer　Sunday　yellow

【著者紹介】

瀧沢　広人（たきざわ　ひろと）

　1966年東京都東大和市に生まれる。埼玉大学教育学部小学校教員養成課程卒業後，埼玉県公立中学校，ベトナム日本人学校，公立小学校，教育委員会，中学校の教頭職を経て，現在，岐阜大学教育学部准教授として小学校英語教育の研究を行う。

　主な著書は，『小学校英語サポートBOOKS　絶対成功する！外国語活動・外国語５領域の言語活動＆ワークアイデアブック』，『小学校英語サポートBOOKS　Small Talkで英語表現が身につく！小学生のためのすらすら英会話』，『小学校英語サポートBOOKS　導入・展開でクラスが熱中する！小学校英語の授業パーツ100』，『小学校英語サポートBOOKS　英語教師のためのTeacher's Talk & Small Talk入門　40のトピックを収録！つくり方から使い方まで丸ごとわかる！』，『小学校英語サポートBOOKS　単元末テスト・パフォーマンステストの実例つき！小学校外国語活動＆外国語の新学習評価ハンドブック』（以上　明治図書）他多数。

【本文イラスト】木村　美穂

小学校英語サポートBOOKS

楽しみながらどんどん覚える！
小学生のためのアルファベット＆英単語パズル80

2020年6月初版第1刷刊　©著　者　瀧　沢　広　人
2024年7月初版第3刷刊　　発行者　藤　原　光　政
　　　　　　　　　　　　　発行所　明治図書出版株式会社
　　　　　　　　　　　　　http://www.meijitosho.co.jp
　　　　　　　　　　（企画）木山麻衣子　（校正）有海有理
　　　　　　　〒114-0023　東京都北区滝野川7-46-1
　　　　　　　振替00160-5-151318　電話03(5907)6702
　　　　　　　　　　　　　　　ご注文窓口　電話03(5907)6668
＊検印省略　　　　　　　　組版所　株式会社ライラック

本書の無断コピーは，著作権・出版権にふれます。ご注意ください。
教材部分は，学校の授業過程での使用に限り，複製することができます。

Printed in Japan　　　　　　ISBN978-4-18-362125-2
もれなくクーポンがもらえる！読者アンケートはこちらから　→